documenta poética / 51

HINOS TARDIOS

FRIEDRICH HÖLDERLIN

HINOS TARDIOS

tradução e prefácio
MARIA TERESA DIAS FURTADO

ASSÍRIO & ALVIM

© ASSÍRIO & ALVIM (2000)
RUA DE SÃO NICOLAU, 119 - 4º, 1100-548 LISBOA

ISBN 972-37-0547-8
EDIÇÃO 547, FEVEREIRO 2000

ESTE LIVRO
FOI IMPRESSO EM LISBOA
NA GUIDE–ARTES GRÁFICAS, LDA.

DEPÓSITO LEGAL 145856/99

PREFÁCIO

Se, de entre os variadíssimos heróis da História, Hölderlin preferia ser um «herói do mar», como nos diz no início do seu projecto de hino «Colombo», em que também se refere a Vasco da Gama e a outros aspectos da história dos descobrimentos portugueses, a sua preferência, no campo da criação literária, era a de ser um poeta hímnico. Ainda no seu tempo de estudante de Teologia no *Stift* de Tübingen, em 1790, aos 20 anos, Hölderlin dá início a um importante ciclo de hinos, a que dedica três anos, e que são conhecidos como *Hinos de Tübingen*. Estes seguem um modelo que resulta da reflexão sobre o trabalho poético de Klopstock e que é constituído por grandes estrofes rimadas de oito versos, modelo que predominava na *Aufklärung*. Apenas depois da conclusão dos seus estudos se veio a dedicar ao seu projectado romance que levou sete anos a concluir, *Hipérion*. Por volta de 1800, Hölderlin volta a concentrar-se na forma hímnica, dando continuidade a este impulso poético que, desta vez, ganha contornos e formas surpreendentes: os hinos tardios não têm uma apresentação homogénea, e libertam-se da estrofe rimada para se inscreverem no ritmo livre. Ao conjunto destes grandes hinos seguiram-se fragmentos, planos e projectos de hinos. Este trabalho é abruptamente interrompido pelo envio compulsivo de Hölderlin para a Clínica Autenrieth, em Tübingen, em Setembro de 1806, devido ao seu agravado estado de saúde psíquica.

O «tom hímnico», no entanto, já se tinha revelado em *Hipérion* (1.º vol. 1797, 2.º vol. 1799), sendo embora o tom predominante o elegíaco. O eremita grego perde a causa de libertação da Pátria, a amada, o maior amigo; apesar do dilaceramento dessa experiência, ele volta a encontrar a paz na natureza divinizada, que lhe promete o reencontro com tudo o que perdeu. Assim se pode ler no final da edição portuguesa vinda a lume nesta mesma editora, em 1997: «Também nós, Diotima, também nós não nos separamos, e as lágrimas que te choram não são capazes de entendê-lo. Somos tons vivos, juntos em uníssono na tua harmonia, ó Natureza! Quem é capaz de a destruir? Quem pode separar os que se amam?

Ó alma! alma! beleza do mundo! ó encantadora! com a tua eterna juventude! tu és; o que é então a morte e todo o sofrimento dos homens? — Ai! muitas palavras ocas disseram os exaltados. Mas tudo acontece na alegria, e tudo termina, assim, em paz.

Como as discórdias dos amantes são as dissonâncias do mundo. A reconciliação surge no meio da disputa e tudo o que está separado volta a encontrar-se.» (pp. 202-203) O lamento deu, pois, lugar ao louvor.

Também nas *Elegias* (1992, edição bilingue), está bem patente o tom hímnico que ultrapassa, por exemplo, a dor pungente de Ménon, em «Pranto de Ménon por Diotima» e que podemos ler no final da 8.ª estrofe:

> Do mesmo modo mo demonstras e dizes, para que eu a outros
>   O repita, pois também outros há que o não crêem,
> Que a alegria, mais imortal do que os cuidados e a fúria,
>   Num dia áureo se tornará por fim quotidiana. (p. 27)

A composição das *Elegias* também se dá a partir de 1800, assinalando, assim, um notável período de produtividade. Hölderlin já deixou Bad Homburg e o círculo de amigos com quem aí convivera depois da dolorosa separação da sua «Diotima», Susette Gontard, esposa do banqueiro de Frankfurt, em casa de quem exerceu as funções de preceptor de Janeiro de 1796 a Setembro de 1798. Depois da trágica paixão pela Senhora Gontard, a que ela também correspondia, Hölderlin afasta-se para a próxima Bad Homburg onde, até Maio de 1800 mantém com aquela contacto epistolar e encontros furtivos. Esta vivência marca não só o romance epistolar *Hipérion*, significativamente dedicado a Susette, no seu 2.º volume, com as palavras: «Para quem, senão para ti», como, de modo mais ou menos directo, toda a restante obra e a própria vida, que apenas se extingue em 1843, a despeito das previsões médicas.

A partir de Junho de 1800, Hölderlin encontra-se em Stuttgart, em casa do seu amigo Landauer, comerciante, e ocupa-se da educação dos seus quatro filhos. Nesta constelação de amizade, o seu estado de ânimo melhora e dedica-se à continuação da sua obra poética reescrevendo algumas odes do tempo de Frankfurt, redigindo as elegias e levantando os alicerces da fase mais fulgurante e inaugural da sua obra: os hinos tardios. Desta sua última ocupação fazem parte as traduções (até à Primavera de 1801) de vários cânticos de vitória — hinos — de Píndaro, poeta grego do séc. V a. C., que celebravam vitórias alcançadas nos jogos olímpicos, píticos, nemeicos e ístmicos. Para Hölderlin, Píndaro constituía o expoente máximo da poesia grega. Os cânticos de vitória que o poeta alemão traduz ajudam-no a estudar a relação do poeta da Antiguidade com a sua pátria grega. Deste modo, o objectivo das traduções era o de identificar a originalidade especificamente grega que o distinguia da moderna poesia «patriótica». É esta poesia que Hölderlin se propõe cultivar, como documentam três importantes cartas da época: 1. a 2.ª carta a Böhlendorff (N.º 241), onde se lê: «Meu caro! Penso que não imitaremos os poetas que nos precederam, que a forma do canto terá efectivamente um carácter diferente, e que nós não

teremos êxito porque, desde o tempo dos gregos, recomeçamos a cantar patriótica e naturalmente, por assim dizer, de modo autêntico.»
2. a carta ao editor Wilmanns de 8.12.1803 (N.º 243), onde lemos: «Tenciono enviar-lhe, ainda este Inverno, vários poemas líricos mais extensos, ocupando 3 ou 4 folhas, para que sejam impressos individualmente, uma vez que o seu conteúdo dirá respeito directamente à pátria ou ao tempo presente.» Poucos dias depois, o poeta volta a escrever ao editor (N.º 244): «De resto os poemas de amor são sempre um voo cansado, que continuamos a cultivar, apesar da variedade dos assuntos; bem distinto é o elevado e puro entusiasmo dos cânticos patrióticos.» A atitude poética pretende, pois, ultrapassar o nível pessoal, típico dos poemas de amor, para se centrar no geral, ao nível do que é genuíno e autêntico na sua própria pátria, o que se recebe por nascimento, antes da formação posterior. É este o sentido de «patriótico». Este atributo, entendido desta maneira, dá aos hinos tardios um conteúdo histórico-filosófico: neles quer o poeta visar a situação alemã à volta de 1800. Para tal, e à semelhança do que fez Píndaro nos seus hinos relativos à sua própria época, Hölderlin encontrou formas de expressão que ultrapassaram largamente os seus próprios limites temporais, apresentando uma inovação a larga escala. Por isso, como era seu pressentimento, os seus contemporâneos não o entenderam, julgando mesmo que o carácter «estranho» do seus hinos tardios tinha a ver com um «espírito doente». Neste aspecto é sintomático que apenas em 1916 (à excepção de «A Caminhada», «Lembrança», «O Reno» e «Patmos», que Leo von Seckendorf publicara, sem autorização, no seu *Almanaque das Musas* no Outono de 1806) tenham sido publicados pela primeira vez por Norbert von Hellingrath, que aliava à competência filológica a sensibilidade poética formada pelo simbolismo francês e pelo simbolismo alemão de George, a cujo Círculo pertencia. Dando-se conta do valor sem

precedentes destes hinos, Hellingrath escreve, no prefácio ao quarto volume da sua edição histórico-crítica do autor: «Este volume contém o coração, o cerne e o cume da Obra hölderliniana, a sua própria herança.»

As primeiras tentativas de hinos têm, pois, lugar em Stuttgart, mas é ano e meio mais tarde, em 1802, que Hölderlin procede à sua elaboração propriamente dita. Entretanto, sucedem-se duas viagens que levam o autor até ao estrangeiro, a fim de exercer a sua profissão de preceptor.

Em Janeiro de 1801, Hölderlin dá início à sua deslocação até Hauptwil, na Suíça onde, em casa da família Gonzenbach, se ocupa da educação de duas meninas. No mês seguinte, é assinada a Paz de Lunéville entre a França e a Áustria, o que desperta no poeta as maiores esperanças em relação ao futuro. É por essa altura que Hölderlin escreve vários esboços do hino «A Festa da Paz», que vem a assumir a sua forma definitiva em 1802 ou 1803. Neste hino, constituído por doze estrofes de grande fôlego, o autor procura plasmar poeticamente esse acontecimento, fazendo confluir numa simbiose única tanto a Natureza como o agir político, a reflexão e a experiência sensorial, os factos históricos e o presente, que para o futuro aponta. Curiosamente, o manuscrito deste hino só veio a conhecimento público em 1954, altura em que um livreiro e negociante de manuscritos residente em Inglaterra, e que adquirira vários originais de Hölderlin na América, entrou em contacto com o poeta e tradutor de Hölderlin para inglês Michael Hamburger, a fim de este identificar um poema extremamente longo, que aquele não encontrara em qualquer edição do poeta publicada até à data. Hamburger acrescentou à sua identificação do texto o pedido de envio de fotocópia do mesmo ao editor da Grande Edição de Stuttgart, Friedrich Beißner, que o publicou nesse mesmo ano.

Em Abril de 1801, Hölderlin regressa a casa, em Nürtingen, provavelmente para se ocupar da publicação dos seus poemas, como os excertos das cartas ao editor Wilmanns, acima citados, deixam entrever. O poeta faz ainda uma tentativa, por mediação de Schiller e do seu velho amigo Niethammer, de leccionar Literatura Grega na Universidade de Jena, mas não obtém qualquer resposta. Surge então a oferta de um lugar de preceptor, bem remunerado, na casa do Cônsul Mayer, de Hamburgo, em Bordéus. Hölderlin aceita, numa mistura de sentimentos contraditórios. Assim o comunica numa carta a Böhlendorff, um amigo chegado dos tempos de Bad Homburg, datada de 4 de Dezembro de 1801 (N.º 237):

«No que me diz respeito e relativamente ao que tenho feito até agora e ao que farei, por muito pouco que seja, e à minha amizade por ti e pelos outros amigos, em breve te escreverei de um lugar próximo da tua Espanha, concretamente de Bordéus, para onde parto na próxima semana para desempenhar funções de preceptor e de pregador privado numa casa de alemães de confissão protestante. Vou ter que agarrar bem a minha cabeça em França, em Paris; também me alegra poder ver o mar e o sol da Provença.

Ó amigo! O mundo encontra-se diante de mim envolto numa clareza e seriedade maiores do que nunca. Sim! Agrada-me o que se está a passar, agrada-me como quando, no Verão, "o Pai antiquíssimo e santo, com mão serena, sacode raios de bênção das nuvens de púrpura". Pois, de entre todas as manifestações de Deus que posso contemplar, esta tornou-se para mim a preferida. De outro modo poderia encher-me de júbilo com uma nova verdade, com uma nova visão do que está acima de nós e à nossa volta, mas agora temo que no fim não me venha a acontecer como ao antigo Tântalo, para quem os deuses se tornaram mais do que ele podia suportar. [...]

E agora adeus, meu caro! Até breve. Agora todo eu sou despedida. Já havia muito tempo que não chorava. Mas a minha decisão de voltar a abandonar a minha Pátria, talvez para sempre, custou-me lágrimas amargas. Pois que outra coisa tenho no mundo que mais ame? Mas eles não precisam de mim. De resto, quero impreterivelmente ser e permanecer alemão, mesmo que as necessidades do coração e da subsistência me arrastassem para o Taiti.»

Em fins de Janeiro de 1802, já se encontra em Bordéus. E é nesse confronto com o «estranho» que Hölderlin vai descobrir novas possibilidades de «usar livremente o que lhe é próprio» — termos que também utilizara na mesma carta. A intensidade do que vive e presencia toma forma poética no hino «Lembrança», e no projecto de hino «Pois do Abismo...», escritos bastante tempo depois do seu regresso à Alemanha. De facto, a sua permanência em Bordéus não foi longa: em Maio do mesmo ano regressa a Stuttgart, trazendo consigo uma «belíssima certidão» do serviço prestado à família Mayer. Não se conhecem os motivos que levaram o poeta a regressar tão cedo de Bordéus. Apenas se especula se teriam sido os primeiros sintomas de uma doença psíquica, o receio de lhe confiarem os cuidados pastorais da comunidade alemã local (uma vez que também era teólogo) ou uma eventual carta do amigo Ebel — que lhe conseguira o lugar de preceptor em casa dos Gontard, em Frankfurt — comunicando-lhe o estado preocupante de saúde de Susette, que viria a morrer no mês seguinte. Apenas há a certeza de que Hölderlin regressa por Paris e de que a viagem demora três semanas. Sobre a estada em França e o que viu na viagem de regresso escreve ao amigo Böhlendorff, em carta datada de Novembro de 1802 (N.º 241):

«Não te escrevo há muito tempo e entretanto estive em França e vi a terra triste e solitária, os pastores do sul da França e algumas pessoas belas, homens e mulheres que passaram pelo medo da dúvida patriótica e da fome.

O poderoso elemento, o fogo do céu, e o silêncio das pessoas, a sua vida no seio da Natureza e a sua contensão e contentamento impressionaram-me continuamente, e como quem repete o que dizem os heróis, bem posso dizer que Apolo me atingiu.

Nas regiões limítrofes da Vendeia interessou-me o elemento selvagem e bélico, puramente masculino, perante o qual a luz da vida se sente directamente nos olhos e nos membros e o qual se percepciona tanto no sentimento da morte como num virtuosismo, saciando a sede de saber.

O aspecto atlético das pessoas do sul, nas ruínas do espírito antigo, familiarizou-me mais com o próprio ser dos gregos; conheci a sua natureza e a sua sabedoria, o seu corpo, o modo como se desenvolviam no seu clima, e a regra com que protegiam o seu génio arrojado do poder dos elementos.

Tudo isto determinava a sua popularidade, o modo como aceitavam naturezas estranhas e com elas comunicavam, por isso têm a sua individualidade própria, que aparece de uma maneira viva, na medida em que a mais elevada razão, no sentido grego, é uma força reflexiva, e isto torna-se-nos compreensível quando entendemos o corpo heróico dos gregos; essa força é ternura, tal como é para nós popularidade.

A contemplação das estátuas antigas impressionou-me de uma maneira que não se limita a tornar-me mais compreensíveis os gregos, mas sobretudo torná-las o próprio expoente máximo da arte, que mesmo na maior elevação e fenomenalização dos conceitos e de tudo o que é afirmado com seriedade, tudo mantém firme e contido em si, de tal modo que a segurança, neste sentido, constitui o signo mais elevado.»

Hölderlin entrevê nos franceses características do pensamento grego, ou seja, capta o nível mais abstracto dos conceitos naquilo que é concreto, mesmo físico. As tendências desagregadoras do elemento «fogo do céu» encontram resistência, por um lado, na contensão das pessoas, mas, por outro, podem fazer o indivíduo soçobrar, como se poder ver na expressão usada — «bem posso dizer que Apolo me atingiu».

E é com o aspecto de alguém que soçobrou que Hölderlin chega, em meados de Junho de 1802, a Stuttgart e volta a ver os seus amigos. Friedrich Matthison, poeta amigo dos tempos de estudante em Tübingen, descreve como nessa altura o viu: «Estava pálido como um cadáver, muito magro, tinha os olhos encovados e com expressão bravia, cabelo e barba compridos e vestia como um pedinte.» Fica por uma curta temporada de novo em casa de Landauer, ao cuidado de quem Sinclair envia uma carta dirigida a Hölderlin, datada de 30 de Junho de 1802, comunicando a morte de Susette Gontard. O poeta conhece o conteúdo da carta em princípios de Julho, o que contribui para um agravamento da sua saúde psíquica. Hölderlin não deixa de aludir, ainda na carta, acima citada, a Böhlendorff, a essas alterações profundas: «Tive necessidade de fixar-me por algum tempo, depois de alguns abalos e comoções da alma, e estou entretanto a viver na minha cidade natal.» É, pois, em Nürtingen, em casa da mãe, que Hölderlin procura refúgio e se dedica à concretização de alguns dos seus projectos como a tradução das tragédias de Sófocles *Édipo Tirano* e *Antígona,* publicadas no ano seguinte por Wilmanns, e os seus hinos tardios que ultapassam todas e quaisquer convenções da época, como «O Único», «Patmos» e «Os Titãs».

Ainda durante a fase de composição dos hinos tardios, Hölderlin volta a Bad Homburg, na companhia do seu amigo Sinclair que aí lhe obteve o cargo — provavelmente a título de pró-forma — de bibliotecário da corte do Landgrave de Hessen-Homburg que ocupará até Setembro de 1806. Os sinais de perturbação mental, que alternam com fases de lucidez, sofrem uma alteração brusca quando Sinclair, em Fevereiro de 1805, é acusado de alta traição por alegadamente preparar uma revolução republicana na Suábia. Por consequência, é preso e julgado. Em Julho do mesmo ano é ilibado e regressa a Bad Homburg. Hölderlin está mais calmo. Um ano mais tarde Sinclair acha o estado de saúde do amigo preocupante e pede à mãe dele que tome providências. É então que Hölderlin é levado para a Clínica de Tübingen.

Para enquadrarmos o hino em prosa poética «No ameno azul», que exalta a mulher e o homem no contexto da sua humanidade e da sua divindade (*Imago Dei*) e no seio da Natureza, tematizando também a criação poética em diálogo com a arte grega, temos que nos situar precisamente em Tübingen. Depois de 231 dias de tratamento, que apenas prejudicaram o estado em que se encontrava, recebe alta da Clínica, com o diagnóstico de uma doença psíquica incurável, porém sem a gravidade comum a este tipo de doenças, e com a probabilidade de viver apenas poucos anos mais. Foi então que o marceneiro Ernst Zimmer, que conhecia o doente das ocasiões em que prestara os seus serviços à Clínica e o admirava como o autor de *Hipérion*, que lera, se ofereceu para o acolher na sua casa, junto ao rio Nécar, e aí lhe dedicar os cuidados necessários. É nessa casa que o poeta passa os últimos 36 anos da sua vida. A família Zimmer proporciona-lhe, além do necessário, carinho e respeito. Não é por acaso que dois dos poemas desta última fase são dedicados a Zimmer. Num deles ainda se reconhece o tom hímnico:

A ZIMMER

De uma pessoa digo, se ele é bom
    E sábio, de que precisa? Haverá alguma coisa
        Que baste a uma alma? Haverá uma espiga, uma
            Videira amadurecida cultivada

Na Terra que o nutra? Dele é, pois,
    O sentido. Um amigo é muitas vezes a amada,
        Muitas a Arte. Ó meu caro, a ti digo a verdade.
            O espírito de Dédalo e da floresta é teu.

É em casa de Zimmer que Hölderlin é visitado várias vezes, entre 1822 e 1826, pelo escritor suábio Wilhelm Waiblinger (1804-1830), que vem a ser o seu primeiro biógrafo. *A Vida, a Obra e a Loucura de Friedrich Hölderlin*, é publicado em 1831 em Weimar, pela editora Brockhaus. J. Schmidt inclui a obra no terceiro volume da sua edição de Hölderlin (1992), *Cartas e Documentos* (pp. 696-729). Waiblinger não só trava conhecimento com o escritor, como também conquista a sua amizade. Leva-o por vezes a passear até ao pavilhão que fica no monte Österberg, em Tübingen. O volume acima citado, escrito em Roma, onde viveu de 1826 até à sua morte, em 1830, revela algumas falhas, mas não deixa de constituir um depoimento importante, uma vez que influenciou a imagem de Hölderlin do seu tempo e mesmo até aos princípios do século XX. No entanto, interessa-nos, no contexto do hino em prosa que inserimos no presente volume, devido à informação que nos dá: «Tenho em meu poder, na Alemanha, uma série de escritos seus e muitas coisas que ele escreveu no decurso da sua vida triste e gostaria de dar a conhecer algumas dessas coisas [...].» (Schmidt: 721)

De facto, Waiblinger já dera entretanto a conhecer, sem referir a respectiva autoria, na segunda parte (pp. 153-156) do seu romance *Faetonte*, de 1823, «No ameno azul», cujos conceitos e estilo não deixam a mínima dúvida de que se trata de um texto hölderliniano. Este texto apenas se encontra no romance de Waiblinger. Schmidt apenas faz a reserva de que não se pode garantir se o autor do romance reproduz com rigor o manuscrito ou se lhe retira ou acrescenta alguma coisa sua. Este mesmo editor refere (p. 1095) que Waiblinger escrevera, na entrada de 11 de Agosto de 1822 do seu diário, referindo-se ao projecto do seu romance: «No final utilizo a história de Hölderlin».

A maior parte dos hinos tardios é marcada pela recordação e, de um modo especial, pela recordação histórica e pela recordação mítica. Com frequência é associada ao motivo da caminhada, da viagem imaginária segundo o modelo de Píndaro. Assim acontece em «A Caminhada», «Patmos» e «Lembrança». Neste último, tal como em «Mnemósina», a recordação constitui o próprio tema.

A visão histórica, marcada até ao começo dos hinos tardios por uma alternância cíclica de períodos de indigência com outros de plenitude, correspondendo a um «tempo nocturno» de silêncio e a um «tempo diurno» de proclamação, passa a ser linear e teleológica. Conduz a uma plenitude terrena final no seio de uma Natureza divinizada.

Das características de estilo destes hinos, em que predominam os extremos, o invulgar, fazem parte as metáforas ousadas bem como o pendor para a abstracção, a profusão reverberante das imagens e a expressão simples, longos e amplos períodos de ritmo movimentado e concisão lapidar. Todos esses elementos de estilo são assimilados de Píndaro, ainda que não decalcados, uma vez que Hölderlin tem em mente o seu presente falho de plenitude de sentido, enquanto Píndaro celebrava entusiasticamente vitórias nos jogos do seu tempo. Hölderlin quer louvar o que entrevê no horizonte do futuro, exaltando a grandeza dos valores pátrios para a elevar a uma esfera superior. Para tal usa muitas vezes a estrutura triádica das estrofes, aspecto em que novamente segue Píndaro. Este autor grego é, para Hölderlin, o exemplo paradigmático da tradição paradoxal da quebra da tradição. O entusiasmo que lhe é peculiar, é retomado pelo poeta alemão de forma mais contida, seguindo um princípio dos seus escritos poetológicos elaborados em Bad Homburg: «No momento em que perderes a sobriedade, limitas o teu entusiasmo». O entusiasmo típico do hino está directamente relacionado com o sublime, conceito que dá o título à obra do Pseudo-Longino, que o século XVIII alemão considera como canónica. Segundo este autor, o homem está destinado à contemplação do cosmos, elevando-se para lá dos limites da realidade imediata. Deste modo se explica, por exemplo, que os hinos tardios mostrem admiração pelos grandes rios como o Danúbio e o Reno. Do sublime é também característica a elevação à esfera do divino, bem como à dos semideuses e heróis, aspectos que encontramos em vários destes hinos.

Hölderlin revela nos seus hinos tardios, bem como nas cartas escritas durante a sua elaboração, a consciência muito nítida de dois aspectos antagónicos: um, de que os seus contemporâneos nunca chegariam a entender a sua quebra das convenções dominantes (cfr. as frases que antecedem o corpo do hino «A Festa da Paz); outro, de que estava a lançar os fundamentos da poesia do futuro, ainda que o ponto de partida fosse o seu presente histórico («E os poetas fundam o que permanece.», o final do hino «Lembrança»).

No decurso do trabalho de investigação e de tradução dos *Hinos Tardios* de Hölderlin pude contar com o apoio e colaboração de entidades e pessoas pelos quais apresento os meus sinceros agradecimentos:

À Sociedade Hölderlin — e, nomeadamente, à pessoa do seu Presidente, Prof. Doutor Gerhard Kurz — por me ter convidado para moderar, durante o mais recente Congresso, em Frankfurt, em Junho de 1998, a mesa-redonda sobre alguns dos resultados mais actuais da investigação hölderliniana, tendo um dos quatro participantes apresentado conclusões inovadoras sobre a produção hímnica do Autor.

Ao Arquivo Hölderlin, com sede na Württembergische Landesbibliothek Stuttgart, sempre actualizado e bem apetrechado (por exemplo, com o indispensável dicionário dos Irmãos Grimm), e à suas inexcedíveis bibliotecárias Frau Marianne Schütz e Frau Christa Haaser.

A Fiama Hasse Pais Brandão, pelo seu incentivo amigo e pela revisão criteriosa, e rica em sugestões, desta versão portuguesa dos *Hinos Tardios*, os quais ecoam também no seu belo poema «Teoria da Realidade, Tratando-a por Tu» (*Hífen*, n.º 11, Porto, Maio de 1998, pp. 50-55).

Bibliografia

Friedrich Hölderlin, (1992-1994) *Sämtliche Werke und Briefe* (Obras Completas e Cartas), Três volumes, org. e comentados por Jochen Schmidt. Frankfurt a. M., Deutscher Klassiker Verlag. Vol. I *Gedichte* (Poemas). Vol. II *Hyperion, Empedokles, Aufsätze, Übersetzungen* (Hipérion, Empédocles, Escritos teóricos, Traduções). Vol. III *Briefe, Dokumente* (Cartas, Documentos).

Friedrich Hölderlin, (1916) *Hölderlin Sämtliche Werke* (Obras Completas), vol. IV, *Gedichte 1800-1806.* (Poemas 1800-1806), Org. e Prefácio de Norbert von Hellingrath. München und Leipzig bei Georg Müller.

Friedrich Hölderlin, (1992) *Elegias.* Tradução de Maria Teresa Dias Furtado. Lisboa, Assírio & Alvim.

Friedrich Hölderlin, (1997) *Hipérion ou o Eremita da Grécia.* Tradução de Maria Teresa Dias Furtado. Lisboa, Assírio & Alvim.

Norbert von Hellingrath, (1910) *Pindarübertragungen von Hölderlin. Prolegomena zu einer Erstausgabe.* (As traduções de Píndaro por Hölderlin. Prolegómenos a uma primeira edição). Leipzig, Breitkopf & Härtel.

Paul Hoffmann, (1995) «Hellingraths "dichterische" Rezeption Hölderlins». *Hölderlin und die Moderne.* (A recepção «poética» de Hölderlin por Hellingrath. Hölderlin e a Modernidade). Org. Gerhard Kurz *et allii.* Tübingen, Attempto Verlag, pp. 74-104.

Paul Hoffmann, (1995) «Hölderlins Weltrezeption». (A Recepção de Hölderlin a nível mundial). *Anuário Hölderlin,* vol. 29, 1994-1995. Stuttgart, Weimar, J.B. Metzler Verlag, pp. 1-21.

Paul Hoffmann, (1997) *«Vom Dichterischen. Erfahrungen und Erkenntnisse», Dem Dichter des Lesens Gedichte für Paul Hoffmann von Ilse Aichinger bis Zhang Zao*. (Do Poético. Experiência e Conhecimento. Ao Poeta da Leitura. Poemas para Paul Hoffmann de Ilse Aichinger a Zhang Zao). Org. Hansgerd Delbrück. Tübingen, Attempto Verlag, pp. 153-240.

Gunter Martens, (1996) *Friedrich Hölderlin*. Reinbek bei Hamburg, Rowohlt Taschenbuch Verlag.

Albrecht Seifert, (1998) *Hölderlin und Pindar*. (Hölderlin e Píndaro). Org. e Prefácio de Anke Bennholdt—Thomsen. Eggingen, Edition Isele. Publicações da Sociedade Hölderlin, vol. 22.

Martin Vöhler, (1997) *«Danken möcht'ich, aber wofür?» Zur Tradition und Komposition von Hölderlins Hymnik*. («Gostaria de agradecer, mas o quê?» Sobre a Tradição e a Composição dos Hinos de Hölderlin). München, Wilhelm Fink Verlag.

Bernhard Zeller (Org), (1979) *Marbacher Magazin,* Número especial 14/1979, «Wilhelm Waiblinger, 1804-1830. Zum 175. Geburtstag und zur 150. Wiederkehr seines Todestages». Deutscher Schillergesellschaft Marbach am Neckar.

HINOS TARDIOS

WIE WENN AM FEIERTAGE...

Wie wenn am Feiertage, das Feld zu sehn
Ein Landmann geht, des Morgens, wenn
Aus heißer Nacht die kühlenden Blitze fielen
Die ganze Zeit und fern noch tönet der Donner,
In sein Gestade wieder tritt der Strom,
Und frisch der Boden grünt
Und von des Himmels erfreuendem Regen
Der Weinstock trauft und glänzend
In stiller Sonne stehn die Bäume des Haines:

So stehn sie unter günstiger Witterung
Sie die kein Meister allein, die wunderbar
Allgegenwärtig erzieht in leichtem Umfangen
Die mächtige, die göttlichschöne Natur.
Drum wenn zu schlafen sie scheint zu Zeiten des Jahrs
Am Himmel oder unter den Pflanzen oder den Völkern
So trauert der Dichter Angesicht auch,
Sie scheinen allein zu sein, doch ahnen sie immer.
Denn ahnend ruhet sie selbst auch.

Jetzt aber tagts! Ich harrt und sah es kommen,
Und was ich sah, das Heilige sei mein Wort.
Denn sie, sie selbst, die älter denn die Zeiten
Und über die Götter des Abends und Orients ist,
Die Natur ist jetzt mit Waffenklang erwacht,

TAL COMO NUM DIA DE FESTA...

Tal como num dia de festa, pela manhã sai,
Para ver o campo, o lavrador, quando
Do calor da noite caíram resfrescantes raios
Continuamente e já longe ainda ressoa o trovão,
De novo ao seu leito regressa o grande rio
E fresco viceja o solo
E da videira goteja a chuva
Que do céu trouxe alegria e resplandecentes
Ao sol silencioso se erguem as árvores do bosque:

Assim se erguem em propício tempo,
Aqueles que nenhum mestre por inteiro educa, mas aquela
Que é maravilhosa e imensa e de uma leveza envolvente,
A poderosa, a divinamente bela natureza.
Por isso quando ela parece dormir em algumas épocas do ano
No céu ou entre as plantas ou os povos,
O rosto dos poetas também se entristece,
Parecem estar sós, porém sempre estão cheios de pressentimentos.
Pois, pressentindo, ela própria também repousa.

E eis que o dia nasce! Esperei e vi-o aproximar-se,
E para o que vi, sagrada seja a minha palavra.
Pois a própria Natureza, mais antiga do que as eras
E superior aos deuses do ocidente e do oriente,
Acordou agora com o fragor das armas,

Und hoch vom Äther bis zum Abgrund nieder
Nach festem Gesetze, wie einst, aus heiligem Chaos gezeugt,
Fühlt neu die Begeisterung sich,
Die Allerschaffende wieder.

Und wie im Aug' ein Feuer dem Manne glänzt,
Wenn hohes er entwarf; so ist
Von neuem an den Zeichen, den Taten der Welt jetzt
Ein Feuer angezündet in Seelen der Dichter.
Und was zuvor geschah, doch kaum gefühlt,
Ist offenbar erst jetzt,
Und die uns lächelnd den Acker gebauet,
In Knechtsgestalt, sie sind erkannt,
Die Allebendigen, die Kräfte der Götter.

Erfrägst du sie? im Liede wehet ihr Geist
Wenn es der Sonne des Tags und warmer Erd
Entwächst, und Wettern, die in der Luft, und andern
Die vorbereiteter in Tiefen der Zeit,
Und deutungsvoller, und vernehmlicher uns
Hinwandeln zwischen Himmel und Erd und unter den Völkern
Des gemeinsamen Geistes Gedanken sind,
Still endend in der Seele des Dichters,

Daß schnellbetroffen sie, Unendlichem
Bekannt seit langer Zeit, von Erinnerung
Erbebt, und ihr, von heilgem Strahl entzündet,
Die Frucht in Liebe geboren, der Götter und Menschen Werk
Der Gesang, damit er beiden zeuge, glückt.
So fiel, wie Dichter sagen, da sie sichtbar

E descendo das alturas do Éter até aos abismos
Segundo a firme lei antiga e gerado do sagrado caos,
O entusiasmo que tudo cria volta
A fazer-se sentir de modo novo.

E tal como uma chama se acendeu nos olhos do homem
Que projectou coisas sublimes, assim agora
Lavra de novo um fogo nas almas dos poetas
Deflagrado pelos sinais, pelos feitos do mundo.
E o que outrora aconteceu, quase oculto aos sentidos
Apenas agora é revelado,
E aquelas que sorrindo cultivaram o nosso campo,
Assumindo forma de servo, são agora conhecidas,
As que em si contêm a plenitude da vida, as virtudes dos deuses.

E tu, perguntas por eles? Na canção sopra o seu espírito,
Quando ela brota do sol diurno e da cálida terra
E de borrascas do ar e de outras
Preparadas mais nas profundezas dos tempos
E mais repletas de sentido, e mais perceptíveis,
Se movem entre o Céu e a Terra e entre os povos.
Os pensamentos do espírito a todos comum encontram-se,
Em acalmia final, na alma do poeta,

De tal modo que ela, subitamente atingida, do Infinito
Há muito conhecida, estremece ao recordar-se,
E é-lhe dada a ventura de, inflamada pelo raio sagrado,
Dar à luz o fruto do amor, obra dos deuses e dos homens,
O canto, para que de ambos dê testemunho.
Assim caiu, como dizem os poetas, o raio sobre a casa de Semele,

Den Gott zu sehen begehrte, sein Blitz auf Semeles Haus
Und die göttlichgetroffne gebar,
Die Frucht des Gewitters, den heiligen Bacchus.

Und daher trinken himmlisches Feuer jetzt
Die Erdensöhne ohne Gefahr.
Doch uns gebührt es, unter Gottes Gewittern,
Ihr Dichter! mit entblößtem Haupte zu stehen,
Des Vaters Strahl, ihn selbst, mit eigner Hand
Zu fassen und dem Volk ins Lied
Gehüllt die himmlische Gabe zu reichen.
Denn sind nur reinen Herzens,
Wie Kinder, wir, sind schuldlos unsere Hände,

Des Vaters Strahl, der reine versengt es nicht
Und tieferschüttert, die Leiden des Stärkeren
Mitleidend, bleibt in den hochherstürzenden Stürmen
Des Gottes, wenn er nahet, das Herz doch fest.
Doch weh mir! wenn von

Weh mir!

Und sag ich gleich,

Ich sei genaht, die Himmlischen zu schauen,
Sie selbst, sie werfen micht tief unter die Lebenden
Den falschen Priester, ins Dunkel, daß ich
Das warnende Lied den Gelehrigen singe.
Dort

Quando ela ostensivamente desejou ver o deus
E aquela que o divino feriu, deu à luz
O fruto da trovoada, o Baco sagrado.

Por isso agora bebem os filhos da Terra
Fogo celestial sem qualquer perigo.
Porém a nós compete-nos, ó poetas, permanecer
De cabeça descoberta enquanto passam as trovoadas de Deus,
Segurar nas próprias mãos o próprio raio vindo do Pai
E entregar ao povo, oculta no canto,
A dádiva divina.
Pois se formos apenas de coração puro
Como as crianças, se as nossas mãos forem inocentes,

O raio puro, vindo do Pai, não o queimará
E profundamente abalado, compartilhando a paixão
Do mais forte, o coração permanece mesmo assim firme
Durante as tempestades que do alto se abatem quando o deus se aproxima.
Mas ai de mim! quando de

Ai de mim!

E se logo disser,

Que me aproximei para contemplar os Celestiais,
Eles próprios me lançarão nas profundezas dos vivos,
Como falso sacerdote no escuro, para que eu
Aos que estiverem receptivos cante uma canção de aviso.
Nesse lugar

AM QUELL DER DONAU

Denn, wie wenn hoch von der herrlichgestimmten, der Orgel
Im heiligen Saal,
Reinquillend aus den unerschöpflichen Röhren,
Das Vorspiel, weckend, des Morgens beginnt
Und weitumher, von Halle zu Halle,
Der erfrischende nun, der melodische Strom rinnt,
Bis in den kalten Schatten das Haus
Von Begeisterungen erfüllt,
Nun aber erwacht ist, nun, aufsteigend ihr,
Der Sonne des Fests, antwortet
Der Chor der Gemeinde; so kam
Das Wort aus Osten zu uns,
Und an Parnassos Felsen und am Kithäron hör' ich
O Asia, das Echo von dir und es bricht sich
Am Kapitol und jählings herab von den Alpen

Kommt eine Fremdlingin sie
Zu uns, die Erweckerin,
Die menschenbildende Stimme.
Da faßt' ein Staunen die Seele
Der Getroffenen all und Nacht
War über den Augen der Besten.
Denn vieles vermag
Und die Flut und den Fels und Feuersgewalt auch

JUNTO À NASCENTE DO DANÚBIO

Pois, como se do alto das magníficas harmonias do órgão
Em sagrado salão,
Jorrando com toda a pureza dos tubos inexauríveis,
Começa, despertando, o prelúdio da manhã
E na distância circundante, de átrio em átrio,
O grande rio melódico, então, espalhando frescura, corre
Até nas frias sombras encher
A casa de entusiasmo,
E agora, já desperto, agora, subindo em direcção
Ao sol da festa, responde
O coro da comunidade: assim veio
Até nós a Palavra do Oriente,
E junto às falésias do Parnasso e junto ao Citéron oiço
Ó Ásia, o teu eco e interrompe-se
Junto ao Capitólio e de súbito desce dos Alpes

Ela, uma Forasteira, vem
Até nós, despertando-nos,
A voz que dá forma e configura os homens.
Então o assombro se apoderou da alma
De todos os interpelados e fez-se
Noite aos olhos dos melhores.
Pois muito pode o homem
Através da arte

Bezwinget mit Kunst der Mensch
Und achtet, der Hochgesinnte, das Schwert
Nicht, aber es steht
Vor Göttlichem der Starke niedergeschlagen,

Und gleichet dem Wild fast; das,
Von süßer Jugend getrieben,
Schweift rastlos über die Berg'
Und fühlet die eigene Kraft
In der Mittagshitze. Wenn aber
Herabgeführt, in spielenden Lüften,
Das heilige Licht, und mit dem kühleren Strahl
Der freudige Geist kommt zu
Der seligen Erde, dann erliegt es, ungewohnt
Des Schönsten und schlummert wachenden Schlaf,
Noch ehe Gestirn naht. So auch wir. Denn manchen erlosch
Das Augenlicht schon vor den göttlichgesendeten Gaben,

Den freundlichen, die aus Ionien uns,
Auch aus Arabia kamen, und froh ward
Der teuern Lehr' und auch der holden Gesänge
Die Seele jener Entschlafenen nie,
Doch einige wachten. Und sie wandelten oft
Zufrieden unter euch, ihr Bürger schöner Städte,
Beim Kampfspiel, wo sonst unsichtbar der Heros
Geheim bei Dichtern saß, die Ringer schaut und lächelnd
Pries, der gepriesene, die müßigernsten Kinder.
Ein unaufhörlich Lieben wars und ists.

E domina a cheia e a falésia e a violência do fogo
E, intrépido, não recua perante
A espada, mas aquele que é forte
É, perante o Divino, um derrotado,

E quase se assemelha ao animal selvagem que
Impelido pela doce juventude
Vagueia sem descanso sobre os montes
E sente a sua força
Durante o calor do meio-dia. Porém quando
Desce, nos ares joviais,
A sagrada luz e com o mais fresco raio
O Espírito da alegria vem até
À Terra ditosa, ele sucumbe, não habituado
Ao mais belo, e dormita num sono vigilante
Antes ainda das constelações se aproximarem. Nós também. Pois
em muitos
Se extinguiu a luz do olhar já antes dos dons divinamente enviados,

Esses amáveis dons que nos vieram da Jónia
E também da Arábia e nunca a alma daqueles
Que na morte adormeceram se veio a alegrar
Com tão caros ensinamentos e graciosos cânticos,
Mas alguns estavam vigilantes. E eles vagueavam por vezes
Entre vós, satisfeitos, vós cidadãos de belas cidades,
No decurso das lutas dos jogos, onde antes, invisível, o herói
Secretamente se juntava aos poetas, olhando os lutadores e sorrindo
Louvava, o louvado, as crianças sérias e ociosas.
Era um amor incessante e continua a sê-lo.

Und wohlgeschieden, aber darum denken
Wir aneinader doch, ihr Fröhlichen am Isthmos,
Und am Cephys und am Taygetos,
Auch eurer denken wir, ihr Tale des Kaukasos,
So alt ihr seid, ihr Paradiese dort
Und deiner Patriarchen und deiner Propheten,

O Asia, deiner Starken, o Mutter!
Die furchtlos vor den Zeichen der Welt,
Und den Himmel auf Schultern und alles Schicksal,
Taglang auf Bergen gewurzelt,
Zuerst es verstanden,
Allein zu reden
Zu Gott. Die ruhn nun. Aber wenn ihr
Und dies ist zu sagen,
Ihr Alten all, nicht sagtet, woher?
Wir nennen dich, heiliggenötiget, nennen,
Natur! dich wir, und neu, wie dem Bad entsteigt
Dir alles Göttlichgeborne.

Zwar gehn wir fast, wie die Waisen;
Wohl ists, wie sonst, nur jene Pflege nicht wieder;
Doch Jünglinge, der Kindheit gedenk,
Im Hause sind auch diese nicht fremde.
Sie leben dreifach, eben wie auch
Die ersten Söhne des Himmels.
Und nicht umsonst ward uns
In die Seele die Treue gegeben.
Nicht uns, auch Eures bewahrt sie,

E, embora apartados, continuamos, contudo,
A pensar uns nos outros, ó jubilosos à beira do Istmo,
E ao Céfiso e ao Taígeto,
Também de vós nos lembramos, ó vós vales do Cáucaso,
Por muito antigos que sejais, ó vós Paraísos desse lugar,
E dos teus Patriarcas e Profetas,

Ó Ásia, dos teus homens fortes, ó mãe!
Que intrépidos antes dos sinais dos tempos
E carregando aos ombros o Céu e todo o Destino,
Fincados em montes dia após dia,
Souberam pela primeira vez
Falar a sós
Com Deus. Esses repousam agora. Mas se vós,
E é preciso dizê-lo,
Todos vós, ó antigos, não disserdes como o aprendeste,
Então invocamos-te, ó Natureza! invocamos-te,
Carentes do divino, e, como depois de um banho, novo, de ti emerge
Tudo o que é de origem divina.

É verdade que quase andamos como órfãos;
Temos o bem de outrora, mas ainda não a sua cultura;
Contudo os jovens, tendo presente a infância,
Não são também estranhos na sua casa.
Vivem triplamente, tal como viveram também
Os primeiros filhos do Céu.
E não foi em vão que foi dada
A fidelidade à nossa alma.
Não apenas a nós, mas a vós também ela guarda,

Und bei den Heiligtümern, den Waffen des Worts
Die scheidend ihr den Ungeschickteren uns
Ihr Schicksalssöhne, zurückgelassen
Ihr guten Geister, da seid ihr auch,
Oftmals, wenn einen dann die heilige Wolk umschwebt,
Da staunen wir und wissens nicht zu deuten.
Ihr aber würzt mit Nektar uns den Othem
Und dann frohlocken wir oft oder es befällt uns
Ein Sinnen, wenn ihr aber einen zu sehr liebt
Er ruht nicht, bis er euer einer geworden.
Darum, ihr Gütigen! umgebet mich leicht,
Damit ich bleiben möge, denn noch ist manches zu singen,
Jetzt aber endiget, seligweinend,
Wie eine Sage der Liebe,
Mir der Gesang, und so auch ist er
Mir, mit Erröten, Erblassen,
Von Anfang her gegangen. Doch Alles geht so.

E junto aos tesouros sagrados, às armas da Palavra,
Que nos deixastes a nós, os menos hábeis,
Ao vos apartardes, ó filhos do Destino,
Ó bons espíritos, aí estais vós também,
Muitas vezes, quando a sagrada nuvem envolve alguém,
Enchemo-nos então de assombro e não o sabemos interpretar.
Vós, porém, temperais-nos de néctar o sopro
E então exultamos muitas vezes ou abate-nos
Um pensamento, mas quando amais alguém em excesso,
Ele não descansa até se tornar um de vós.
Por isso, ó Bondosos, rodeai-me levemente
Para que eu possa ficar, pois muito há ainda a cantar,
Mas agora termina, em pranto de alegria,
Como uma lenda de amor,
O meu canto, e assim também me aconteceu
desde o princípio, com rubor e palidez.
E tudo assim acontece.

DIE WANDERUNG

Glückselig Suevien, meine Mutter,
Auch du, der glänzenderen, der Schwester
Lombarda drüben gleich,
Von hundert Bächen durchflossen!
Und Bäume genug, weißblühend und rötlich,
Und dunklere, wild, tiefgrünenden Laubs voll
Und Alpengebirg der Schweiz auch überschattet
Benachbartes dich; denn nah dem Herde des Hauses
Wohnst du, und hörst, wie drinnen
Aus silbernen Opferschalen
Der Quell rauscht, ausgeschüttet
Von reinen Händen, wenn berührt

Von warmen Strahlen
Krystallenes Eis und umgestürzt
Vom leichtanregenden Lichte
Der schneeige Gipfel übergießt die Erde
Mit reinestem Wasser. Darum ist
Dir angeboren die Treue. Schwer verläßt,
Was nahe dem Ursprung wohnet, den Ort.
Und deine Kinder, die Städte,
Am weithindämmernden See,
An Neckars Weiden, am Rheine,

A CAMINHADA

Feliz Suábia, minha mãe,
Também tu, à tua irmã Lombardia, mais brilhante,
Do outro lado, similar,
Banhada por cem ribeiros!
E árvores que bastem, de flores brancas e avermelhadas,
E repletas de folhagem mais escura, bravia, de um verde carregado,
E também os Alpes suíços vizinhos
Em ti projectam a sua sombra; pois tu habitas
Junto do fogo da casa, e ouves como no seu interior
De cálices de prata
Rumoreja a fonte, derramada
De mãos puras, quando aflorado

Por cálidos raios
O gelo cristalino e deslocado
Pela luz levemente táctil
O cume nevado inunda a Terra
Com a água mais pura. Assim a fidelidade
Te é inata. Dificilmente abandona
Tal lugar aquele que habita junto das origens.
E as tuas filhas, as cidades,
Junto do lago sem fundo e cheio de fulgor ao longe,
Junto dos salgueiros do Nécar, junto do Reno,

Sie alle meinen, es wäre
Sonst nirgend besser zu wohnen.

Ich aber will dem Kaukasos zu!
Denn sagen hört' ich
Noch heut in den Lüften:
Frei sei'n, wie Schwalben, die Dichter.
Auch hat mir ohnedies
In jüngeren Tagen Eines vertraut,
Es seien vor alter Zeit
Die Eltern einst, das deutsche Geschlecht,
Still fortgezogen von Wellen der Donau
Am Sommertage, da diese
Sich Schatten suchten, zusammen
Mit Kindern der Sonn'
Am schwarzen Meere gekommen;
Und nicht umsonst sei dies
Das gastfreundliche genennet.

Denn, als sie erst sich angesehen,
Da nahten die Anderen erst; dann satzten auch
Die Unseren sich neugierig unter den Ölbaum.
Doch als sich ihre Gewande berührt,
Und keiner vernehmen konnte
Die eigene Rede des andern, wäre wohl
Entstanden ein Zwist, wenn nicht aus Zweigen herunter
Gekommen wäre die Kühlung,
Die Lächeln über das Angesicht
Der Streitenden öfters breitet, und eine Weile

São unânimes: em mais nenhum lugar
Melhor se poderia viver.

Mas é até ao Cáucaso que pretendo ir!
Pois ainda hoje
Ouvi dizer ao vento:
Os poetas são livres, como as andorinhas.
Mas além disso alguém
Me confiou nos dias da minha juventude,
Que em tempos remotos
Os pais de outrora, o povo alemão,
Tinha partido em silêncio das ondas do Danúbio,
Num dia de Verão, e ao procurarem
Sombras, encontraram-se
Com os filhos do Sol
Junto do Mar Negro;
E não é em vão que este
É conhecido por o hospitaleiro.

Pois mal se aperceberam respectivamente dos outros,
Os outros aproximaram-se primeiro; depois também
Os nossos se sentaram, com curiosidade, debaixo da oliveira.
E quando as suas vestes se tocaram,
E ninguém era capaz de entender
A fala peculiar do outro, poderia ter certamente
Começado uma discórdia, se não tivesse escorrido
Dos ramos o refrigério,
Que tantas vezes faz brotar sorrisos
No rosto dos adversários, e por um momento

Sahn still sie auf, dann reichten sie sich
Die Hände liebend einander. Und bald

Vertauschten sie Waffen und all
Die lieben Güter des Hauses,
Vertauschten das Wort auch und es wünschten
Die freundlichen Väter umsonst nichts
Beim Hochzeitjubel den Kindern.
Denn aus den heiligvermählten
Wuchs schöner, denn Alles,
Was vor und nach
Von Menschen sich nannt', ein Geschlecht auf. Wo,
Wo aber wohnt ihr, liebe Verwandten,
Daß wir das Bündnis wiederbegehn
Und der teuern Ahnen gedenken?

Dort an den Ufern, unter den Bäumen
Ionias, in Ebenen des Kaisters,
Wo Kraniche, des Äthers froh,
Umschlossen sind von fernhindämmernden Bergen;
Dort wart auch ihr, ihr Schönsten! oder pflegtet
Der Inseln, die mit Wein bekränzt,
Voll tönten von Gesang; noch andere wohnten
Am Tayget, am vielgepriesnen Himettos,
Die blühten zuletzt; doch von
Parnassos Quell bis zu des Tmolos
Goldglänzenden Bächen erklang
Ein ewiges Lied; so rauschten
Damals die Wälder und all

Ergueram o olhar em silêncio, depois deram-se
As mãos amorosamente. E em breve

Trocaram entre si as armas e todos
Os bens amáveis da casa,
Trocaram também palavras e não foi em vão
Que os pais extremosos nada desejaram,
Durante o júbilo nupcial, aos filhos.
Pois dos santamente unidos
Brotou, mais bela do que tudo
O que antes e depois
Dos homens recebeu o nome, uma estirpe. Onde,
Mas onde morais vós, queridos familiares,
Para que renovemos a aliança
E guardemos a memória dos caros antepassados?

Além nas margens, sob as árvores
Da Jónia, nas planícies do Caístro,
Onde os grous, exultantes no Éter,
Estão rodeados de montes que brilham na distância,
Aí também estivestes vós, ó belíssimos! ou então cultivastes
As ilhas que, coroadas de vinhas,
Ecoavam cânticos; outros ainda moravam
Junto ao Taígeto, junto ao tão celebrado Himeto,
E foram os últimos a florir; porém da
Fonte do Parnasso até aos ribeiros áureos
Do Tmolo soava
Um canto eterno; assim rumorejavam
Então as florestas e todas

Die Saitenspiele zusamt
Von himmlischer Milde gerühret.

O Land des Homer!
Am purpurnen Kirschbaum oder wenn
Von dir gesandt im Weinberg mir
Die jungen Pfirsiche grünen,
Und die Schwalbe fernher kommt und vieles erzählend
An meinen Wänden ihr Haus baut, in
Den Tagen des Mais, auch unter den Sternen
Gedenk' ich, o Ionia, dein! doch Menschen
Ist Gegenwärtiges lieb. Drum bin ich
Gekommen, euch, ihr Inseln, zu sehn, und euch,
Ihr Mündungen der Ströme, o ihr Hallen der Thetis,
Ihr Wälder, euch, und euch, ihr Wolken des Ida!

Doch nicht zu bleiben gedenk ich.
Unfreundlich ist und schwer zu gewinnen
Die Verschlossene, der ich entkommen, die Mutter.
Von ihren Söhnen einer, der Rhein,
Mit Gewalt wollt' er ans Herz ihr stürzen und schwand
Der Zurückgestoßene, niemand weiß, wohin, in die Ferne.
Doch so nicht wünscht' ich gegangen zu sein,
Von ihr und nur, euch einzuladen,
Bin ich zu euch, ihr Grazien Griechenlands,
Ihr Himmelstöchter, gegangen,
Daß, wenn die Reise zu weit nicht ist,
Zu uns ihr kommet, ihr Holden!

As liras em uníssono
Ao serem tocadas por celestial suavidade.

Ó Terra de Homero!
Junto à cerejeira purpúrea ou quando
Por ti enviados nos vinhedos os
Meus novos pêssegos verdejam,
E a andorinha vem de longe e tantas coisas narrando
Constrói nas minhas paredes a sua casa, nos
Dias de Maio, também sob as estrelas
Penso em ti, ó minha Jónia! porém os homens
Gostam do tempo presente. Por isso
Vim ver-vos, ó ilhas, e a vós,
Ó desembocaduras de rios, a vós, ó átrios de Thétis,
A vós, ó florestas e a vós, ó nuvens do Ida!

Mas não penso ficar.
Não amável e difícil de conquistar
É aquela em si encerrada, de quem fugi, a mãe.
Um dos seus filhos, o Reno,
Queria violentamente derrubar-lhe o coração e,
Rejeitado, desapareceu, ninguém sabe para onde, na distância.
Mas não era assim que dela me queria apartar,
E apenas para vos convidar
Vim ter convosco, ó Graças da Grécia,
Filhas do Céu,
Para vos pedir, se a viagem não for demasiado longa,
Que venhais ter connosco, ó graciosas!

Wenn milder atmen die Lüfte,
Und liebende Pfeile der Morgen
Uns Allzugedultigen schickt,
Und leichte Gewölke blühn
Uns über den schüchternen Augen,
Dann werden wir sagen, wie kommt
Ihr, Charitinnen, zu Wilden?
Die Dienerinnen des Himmels
Sind aber wunderbar,
Wie alles Göttlichgeborne.
Zum Traume wirds ihm, will es Einer
Beschleichen und straft den, der
Ihm gleichen will mit Gewalt;
Oft überraschet es einen,
Der eben kaum es gedacht hat.

Quando o ar respira com mais suavidade,
E a manhã nos envia a nós,
Os desmesuradamente pacientes, flechas de amor,
E leves nuvens florescem
Por cima dos nossos tímidos olhos,
Então diremos, como é que vós,
Ó Cárites, vos aproximais dos bárbaros?
As servas do Céu
São, porém, maravilhosas,
Como tudo o que nasceu de Deus.
Aquele que tentar apoderar-se de alguma
Com astúcia, passará a viver num sonho, e será castigado o que
Com violência a Ele se quer assemelhar;
Muitas vezes alguém,
Que nisso mal tinha pensado, é surpreendido.

DER RHEIN
An Isaak von Sinclair

Im dunkeln Efeu saß ich, an der Pforte
Des Waldes, eben, da der goldene Mittag,
Den Quell besuchend, herunterkam
Von Treppen des Alpengebirgs,
Das mir die göttlichgebaute,
Die Burg der Himmlischen heißt
Nach alter Meinung, wo aber
Geheim noch manches entschieden
Zu Menschen gelanget; von da
Vernahm ich ohne Vermuten
Ein Schicksal, denn noch kaum
War mir im warmen Schatten
Sich manches beredend, die Seele
Italia zu geschweift
Und fernhin an die Küsten Moreas.

Jetzt aber, drin im Gebirg,
Tief unter den silbernen Gipfeln
Und unter fröhlichem Grün,
Wo die Wälder schauernd zu ihm,
Und der Felsen Häupter übereinander
Hinabschaun, taglang, dort
Im kältesten Abgrund hört'
Ich um Erlösung jammern

O RENO
A Isaak von Sinclair

Junto à hera escura estava eu sentado, no pórtico
Da floresta, no momento em que o dourado meio-dia,
Visitando a nascente, descia
Das escadas das montanhas dos Alpes,
Que para mim, segundo um dito antigo,
É o castelo dos Celestiais,
Divinamente construído, mas de onde,
Secretamente, ainda muita coisa decidida
Chega até aos homens; de lá
Percebi sem pressentir
Um Destino, pois pouco antes
Ainda me tinha a alma, em longo
Solilóquio, à sombra quente,
Escapado até à Itália
E até mais longe para junto das costas da Moreia.

Porém agora, no interior das montanhas,
Muito abaixo dos cumes prateados
E por entre o verde alegre,
Onde para ele olham as florestas
Trémulas e as cabeças das falésias sobrepostas
Dia após dia, aí
No mais frio abismo ouvi
As lamentações do Jovem

Den Jüngling, es hörten ihn, wie er tobt',
Und die Mutter Erd' anklagt',
Und den Donnerer, der ihn gezeuget,
Erbarmend die Eltern, doch
Die Sterblichen flohn von dem Ort,
Denn furchtbar war, da lichtlos er
In den Fesseln sich wälzte,
Das Rasen des Halbgotts.

Die Stimme wars des edelsten der Ströme,
Des freigeborenen Rheins,
Und anderes hoffte der, als droben von den Brüdern,
Dem Tessin und dem Rhodanus,
Er schied und wandern wollt', und ungeduldig ihn
Nach Asia trieb die königliche Seele.
Doch unverständig ist
Das Wünschen vor dem Schicksal.
Die Blindesten aber
Sind Göttersöhne. Denn es kennet der Mensch
Sein Haus und dem Tier ward, wo
Es bauen solle, doch jenen ist
Der Fehl, daß sie nicht wissen wohin?
In die unerfahrne Seele gegeben.

Ein Rätsel ist Reinentsprungenes. Auch
Der Gesang kaum darf es enthüllen. Denn
Wie du anfingst, wirst du bleiben,
So viel auch wirket die Not,
Und die Zucht, das meiste nämlich

Que clamava por Redenção,
Ouviam como ele bramia
E a acusava a Terra-Mãe
E o deus da trovoada, que o gerara,
Os pais compassivos, mas
Os mortais fugiram desse lugar,
Pois a fúria do semideus
Era terrível, quando nas trevas
Rolava agrilhoado.

A voz era a do mais nobre dos grandes rios,
Do Reno nascido em liberdade,
E outra era a sua esperança quando acima se apartou
Dos irmãos Ticino e Ródano
No desejo de caminhar e, impaciente,
A alma majestosa o impelia para a Ásia.
Porém insensato é
O desejo perante o Destino.
E os mais cegos
São os filhos dos deuses. Pois o homem conhece
A sua casa e o animal sabe
Onde edificar, mas àqueles
Foi dado à alma inexperiente,
O erro de não saber para onde ir.

Um enigma é o que na pureza tem as suas origens. O canto
Também mal pode revelá-lo. Pois
Tal como começaste permanecerás
Por muito que actue a necessidade
E a educação, mais que tudo, na verdade,

Vermag die Geburt,
Und der Lichtstrahl, der
Dem Neugebornen begegnet.
Wo aber ist einer,
Um frei zu bleiben
Sein Leben lang, und des Herzens Wunsch
Allein zu erfüllen, so
Aus günstigen Höhn, wie der Rhein,
Und so aus heiligem Schoße
Glücklich geboren, wie jener?

Drum ist ein Jauchzen sein Wort.
Nicht liebt er, wie andere Kinder,
In Wickelbanden zu weinen;
Denn wo die Ufer zuerst
An die Seit ihm schleichen, die krummen,
Und durstig umwindend ihn,
Den Unbedachten, zu ziehn
Und wohl zu behüten begehren
Im eigenen Zahne, lachend
Zerreißt er die Schlangen und stürzt
Mit der Beut und wenn in der Eil'
Ein Größerer ihn nicht zähmt,
Ihn wachsen läßt, wie der Blitz, muß er
Die Erde spalten, und wie Bezauberte fliehn
Die Wälder ihm nach und zusammensinkend die Berge.

Ein Gott will aber sparen den Söhnen
Das eilende Leben und lächelt,

Pode o nascimento,
E raio de luz, que
Sobre o recém-nascido recai.
Mas onde existe um grande rio
Que seja como o Reno
Para continuar a ser livre
Toda a sua vida e para realizar sozinho
O desejo do coração, nascido
Assim de alturas propícias
E feliz, de um seio sagrado, como ele?

Por isso a sua palavra é um grito de júbilo;
Ele não gosta, como as outras crianças,
De chorar nos cueiros;
Pois quando primeiro as margens
Curvadas o roçam de lado, levemente,
E, cercando-o sequiosas, a ele,
O irreflectido, desejam
Atrair a si e proteger
Nas suas próprias fauces, rindo
Ele despedaça as serpentes e precipita-se
Com a presa e quando na pressa
Algo maior não o doma,
Antes o deixa crescer, como o raio ele tem
De fender a terra, e como se enfeitiçadas fogem
As florestas no seu encalço e os montes afundam-se.

Mas um Deus quer poupar aos filhos
A vida célere e sorri,

Wenn unenthaltsam, aber gehemmt
Von heiligen Alpen, ihm
In der Tiefe, wie jener, zürnen die Ströme.
In solcher Esse wird dann
Auch alles Lautre geschmiedet,
Und schön ists, wie er drauf,
Nachdem er die Berge verlassen,
Stillwandelnd sich im deutschen Lande
Begnüget und das Sehnen stillt
Im guten Geschäfte, wenn er das Land baut
Der Vater Rhein und liebe Kinder nährt
In Städten, die er gegründet.

Doch nimmer, nimmer vergißt ers.
Denn eher muß die Wohnung vergehn,
Und die Satzung und zum Unbild werden
Der Tag der Menschen, ehe vergessen
Ein solcher dürfte den Ursprung
Und die reine Stimme der Jugend.
Wer war es, der zuerst
Die Liebesbande verderbt
Und Stricke von ihnen gemacht hat?
Dann haben des eigenen Rechts
Und gewiß des himmlischen Feuers
Gespottet die Trotzigen, dann erst
Die sterblichen Pfade verachtend
Verwegnes erwählt
Und den Göttern gleich zu werden getrachtet.

Quando nas profundezas, como aquele, se enfurecem os grandes rios
Contra ele, sem contenção alguma, ainda que contidos
Pelos sagrados Alpes.
Em tal forja se molda então
Tudo o que é puro,
E é belo como ele, depois,
Abandonando os montes,
Encontra satisfação na terra alemã
Onde serenamente vagueia e apazigua o desejo
No bom labor de arar os campos,
O Pai Reno, que alimenta também amados filhos
Nas cidades que fundou.

Porém nunca, nunca mais, o esquece.
Pois antes se arruinará a casa
E a lei e imagens negativas se tornarão
Os dias dos homens antes que semelhante rio
Esqueça as origens
E a pura voz da juventude.
Quem foi que pela primeira vez
Corrompeu os laços de amor
E deles fez laços ardilosos?
Então os rebeldes troçaram
Do seu próprio direito
E por certo também do fogo do Céu, só então,
Desprezando os caminhos mortais,
Escolheram a ousadia
E tentaram aos deuses assemelhar-se.

Es haben aber an eigner
Unsterblichkeit die Götter genug, und bedürfen
Die Himmlischen eines Dings,
So sinds Heroen und Menschen
Und Sterbliche sonst. Denn weil
Die Seligsten nichts fühlen von selbst,
Muß wohl, wenn solches zu sagen
Erlaubt ist, in der Götter Namen
Teilnehmend fühlen ein Andrer,
Den brauchen sie; jedoch ihr Gericht
Ist, daß sein eigenes Haus
Zerbreche der und das Liebste
Wie den Feind schelt' und sich Vater und Kind
Begrabe unter den Trümmern,
Wenn einer, wie sie, sein will und nicht
Ungleiches dulden, der Schwärmer.

Drum wohl ihm, welcher fand
Ein wohlbeschiedenes Schicksal,
Wo noch der Wanderungen
Und süß der Leiden Erinnerung
Aufrauscht am sichern Gestade,
Daß da und dorthin gern
Er sehn mag bis an die Grenzen
Die bei der Geburt ihm Gott
Zum Aufenthalte gezeichnet.
Dann ruht er, seligbescheiden,
Denn alles, was er gewollt,
Das Himmlische, von selber umfängt

Mas aos deuses basta a sua própria
Imortalidade e se os Celestiais
Precisarem de alguma coisa
Então é de heróis e de homens
E de outros mortais. Pois uma vez que
Os Bem-aventurados nada sentem por si,
É forçoso que, se tal é permitido
Dizer, um Outro, em nome dos deuses,
Sinta a sorte dos outros,
E é desse que precisam; no entanto a sua sentença
É que ele destrua a sua própria
Casa e maltrate o que mais ama
Como se de um inimigo se tratasse e enterre
O pai e o filho debaixo dos escombros,
Quando alguém quer ser como eles e não
Suporta a desigualdade, em delírio.

Por isso feliz daquele a quem coube
Um destino favorável,
Onde ainda rumoreja
A lembrança das deambulações
E dos doces padecimentos
Nas tranquilas praias fluviais,
Para que se deleite a ver
Aqui e acolá as fronteiras
Que ao nascer Deus
Lhe marcou para a sua existência.
Depois ele descansa, em feliz contensão,
Pois tudo o que ele quis,

Es unbezwungen, lächelnd
Jetzt, da er ruhet, den Kühnen.

Halbgötter denk' ich jetzt
Und kennen muß ich die Teuern,
Weil oft ihr Leben so
Die sehnende Brust mir beweget.
Wem aber, wie, Rousseau, dir,
Unüberwindlich die Seele
Die starkausdauernde ward,
Und sicherer Sinn
Und süße Gabe zu hören,
Zu reden so, daß er aus heiliger Fülle
Wie der Weingott, törig göttlich
Und gesetzlos sie die Sprache der Reinesten gibt
Verständlich den Guten, aber mit Recht
Die Achtungslosen mit Blindheit schlägt
Die entweihenden Knechte, wie nenn ich den Fremden?

Die Söhne der Erde sind, wie die Mutter,
Alliebend, so empfangen sie auch
Mühlos, die Glücklichen, Alles.
Drum überraschet es auch
Und schrönckt den sterblichen Mann,
Wenn er den Himmel, den
Er mit den liebenden Armen
Sich auf die Schultern gehäuft,
Und die Last der Freude bedenket;
Dann scheint ihm oft das Beste,

O que é Celestial, abarca-o ele
Espontaneamente, sorrindo
Agora que ele descansa, esse audaz.

Penso agora nos semideuses
E já conheço esses para mim tão caros,
Pois muitas vezes a sua vida tanto
Me comoveu o ansioso peito.
Mas àquele que, como a Rousseau,
Te tornou a longânime alma
Invencível,
E te fez ouvir um sentido
Firme e doces dons,
Ao falar de tal modo que, partindo
Da sagrada abundância como o deus do vinho,
Levado por loucura divina
E sem observar regras, transmite a linguagem dos mais puros
Compreensivelmente aos bons, mas com justiça
Faz cair sobre os irreverentes a cegueira,
Sobre os servos sacrílegos, e como hei-de dar nome a esse Estranho?

Os filhos da Terra são, como sua Mãe,
De tudo amantes, assim também recebem
Sem esforço os venturosos tudo o que existe.
Por isso também surpreende
E assusta o homem mortal
Quando ele pensa no Céu
Que acumulou com os seus braços
Amorosos sobre os ombros,

Fast ganz vergessen da,
Wo der Strahl nicht brennt,
Im Schatten des Walds
Am Bielersee in frischer Grüne zu sein,
Und sorglosarm an Tönen,
Anfängern gleich, bei Nachtigallen zu lernen.

Und herrlich ists, aus heiligem Schlafe dann
Erstehen und aus Waldes Kühle
Erwachend, Abends nun
Dem milderen Licht entgegenzugehn,
Wenn, der die Berge gebaut
Und den Pfad der Ströme gezeichnet,
Nachdem er lächelnd auch
Der Menschen geschäftiges Leben
Das othemarme, wie Segel
Mit seinen Lüften gelenkt hat,
Auch ruht und zu der Schülerin jetzt,
Der Bildner, Gutes mehr
Denn Böses findend,
Zur heutigen Erde der Tag sich neiget. —

Dann feiern das Brautfest Menschen und Götter,
Es feiern die Lebenden all,
Und ausgeglichen
Ist eine Weile das Schicksal.
Und die Flüchtlinge suchen die Herberg,
Und süßen Schlummer die Tapfern,
Die Liebenden aber

E no lastro da alegria;
Pois muitas vezes lhe parece que o melhor
É ficar quase totalmente esquecido
Onde o raio não arde,
Nas sombras da floresta
Junto do Bielersee, na frescura do verde,
E, despreocupado com a melodia, aprender,
Como os principiantes, com os rouxinóis.

E é magnífico, depois de sagrado sono assim
Erguer-se e, despertando com a frescura
Da floresta, ir, ao entardecer,
Ao encontro da mais suave luz,
Quando aquele que construiu os montes
E traçou o caminho dos grandes rios,
Depois de, sorrindo, ter também
Enchido com suas brisas, como a velas,
A vida ocupada e de curto fôlego
Dos homens, dando-lhe direcção,
Também descansa e se inclina agora
O Escultor para a sua discípula,
A Terra de hoje, onde o dia acaba,
Nela vendo mais o bem do que o mal. —

Nessa altura homens e deuses celebram a boda,
Todos os seres vivos celebram,
E por um tempo
O Destino fica equilibrado.
E os fugitivos procuram pousada
E os corajosos doce sono,

Sind, was sie waren, sie sind
Zu Hause, wo die Blume sich freuet
Unschädlicher Glut und die finsteren Bäume
Der Geist umsäuselt, aber die Unversöhnten
Sind umgewandelt und eilen
Die Hände sich ehe zu reichen,
Bevor das freundliche Licht
Hinuntergeht und die Nacht kommt.

Doch einigen eilt
Dies schnell vorüber, andere
Behalten es länger.
Die ewigen Götter sind
Voll Lebens allzeit; bis in den Tod
Kann aber ein Mensch auch
Im Gedächtnis doch das Beste behalten,
Und dann erlebt er das Höchste.
Nur hat ein jeder sein Maß.
Denn schwer ist zu tragen
Das Unglück, aber schwerer das Glück.
Ein Weiser aber vermocht es
Vom Mittag bis in die Mitternacht,
Und bis der Morgen erglänzte,
Beim Gastmahl helle zu bleiben.

Dir mag auf heißem Pfade unter Tannen oder
Im Dunkel des Eichwalds gehüllt
In Stahl, mein Sinklair! Gott erscheinen oder
In Wolken, du kennst ihn, da du kennest, jugendlich,

Porém os amantes
Continuam a ser o que eram, estão
Em casa, onde a flor se alegra
Com o ardor inofensivo e as árvores sombrias
Acolhem o sopro envolvente do Espírito, mas os irreconciliados
Converteram-se e apressam-se
A darem-se as mãos
Antes de a amável luz
Declinar e a noite cair.

E, no entanto, para alguns, tudo isto
Passa velozmente, enquanto outros
O retêm por mais tempo.
Os deuses eternos estão
Cheios de vida todo o tempo; até à morte
Pode também um homem
Reter o melhor na sua memória,
E vive depois a experiência mais sublime.
Só que cada um tem uma medida própria.
Pois é difícil suportar
A infelicidade, mas mais difícil ainda a felicidade.
Contudo um sábio pode fazê-lo
Desde o meio-dia até à meia-noite,
E até a manhã brilhar,
Manter a lucidez durante o banquete.

A ti, ó meu caro Sinclair! pode aparecer-te Deus
Sobre o caminho escaldante, debaixo dos abetos ou
No escuro da floresta de carvalhos, envolto em aço,

Des Guten Kraft, und nimmer ist dir
Verborgen das Lächeln des Herrschers
Bei Tage, wenn
Es fieberhaft und angekettet das
Lebendige scheinet oder auch
Bei Nacht, wenn alles gemischt
Ist ordnungslos und wiederkehrt
Uralte Verwirrung.

Ou nas nuvens, tu conhece-lo, pois conheces, na tua juventude,
A força do que é bom e nunca se te
Oculta o sorriso do Senhor de tudo,
De dia quando
O que é vivo brilha febrilmente e
Agrilhoado, e nem
De noite, quando tudo fica
Na desordem indistinto, e o caos
Antiquíssimo regressa.

GERMANIEN

Nicht sie, die Seligen, die erschienen sind,
Die Götterbilder in dem alten Lande,
Sie darf ich ja nicht rufen mehr, wenn aber
Ihr heimatlichen Wasser! jetzt mit euch
Des Herzens Liebe klagt, was will es anders,
Das Heiligtrauernde? Denn voll Erwartung liegt
Das Land und als in heißen Tagen
Herabgesenkt, umschattet heut
Ihr Sehnenden! uns ahnungsvoll ein Himmel.
Voll ist er von Verheißungen und scheint
Mir drohend auch, doch will ich bei ihm bleiben,
Und rückwärts soll die Seele mir nicht fliehn
Zu euch, Vergangene! die zu lieb mir sind.
Denn euer schönes Angesicht zu sehn,
Als wärs, wie sonst, ich fürcht'es, tödlich ists,
Und kaum erlaubt, Gestorbene zu wecken.

Entflohene Götter! auch ihr, ihr gegenwärtigen, damals
Wahrhaftiger, ihr hattet eure Zeiten!
Nichts leugnen will ich hier und nichts erbitten.
Denn wenn es aus ist, und der Tag erloschen
Wohl triffts den Priester erst, doch liebend folgt
Der Tempel und das Bild ihm auch und seine Sitte
Zum dunkeln Land und keines mag noch scheinen.

GERMÂNIA

Aos Bem-aventurados que apareceram,
Às imagens dos deuses da Antiguidade,
Já não me é permitido invocar, porém se,
Ó águas da terra natal! agora convosco
O amante coração se lamenta, que outra coisa deseja ele,
No seu luto sagrado? Pois de expectactiva está
Cheia a Terra e como nos dias de calor
Um céu se inclina, hoje, projectando sobre nós
A sua sombra, ó desejosas!, portador de presságios,
Repleto de promessas, também me
Parece ameaçador, contudo junto dele quero ficar,
E a alma não se me deve escapar para trás
Até vós, desaparecidos! que tão caros me sois.
Porque contemplar o vosso belo rosto,
Como dantes, temo-o, pois é fatal
E mal é permitido, acordar os mortos.

Desaparecidos deuses! também vós, ó presenças, outrora
Mais reais, tivestes o vosso tempo!
Nada aqui quero negar nem pedir.
Pois quando chegar o fim e o dia se tiver apagado,
Será o sacerdote o primeiro a ser atingido, mas amorosamente
Seguem-no também o templo e a imagem e o seu culto
Até à terra escura e a nenhum apraz brilhar.

Nur als von Grabesflammen, ziehet dann
Ein goldner Rauch, die Sage drob hinüber,
Und dämmert jetzt uns Zweifelnden um das Haupt,
Und keiner weiß, wie ihm geschieht. Er fühlt
Die Schatten derer, so gewesen sind,
Die Alten, so die Erde neubesuchen.
Denn die da kommen sollen, drängen uns,
Und länger säumt von Göttermenschen
Die heilige Schar nicht mehr im blauen Himmel.

Schon grünet ja, im Vorspiel rauherer Zeit
Für sie erzogen das Feld, bereitet ist die Gabe
Zum Opfermahl und Tal und Ströme sind
Weitoffen um prophetische Berge,
Daß schauen mag bis in den Orient
Der Mann und ihn von dort der Wandlungen viele bewegen.

Vom Äther aber fällt
Das treue Bild und Göttersprüche regnen
Unzählbare von ihm, und es tönt im innersten Haine.
Und der Adler, der vom Indus kömmt,
Und über des Parnassos
Beschneite Gipfel fliegt, hoch über den Opferhügeln
Italias, und frohe Beute sucht
Dem Vater, nicht wie sonst, geübter im Fluge
Der Alte, jauchzend überschwingt er
Zulezt die Alpen und sieht die vielgearteten Länder.

Apenas se eleva então um fumo dourado,
Como que vindo das chamas dos túmulos, a lenda, passando,
E bruxuleia agora em volta das nossas cabeças, nós que estamos divididos,
E ninguém sabe o que lhe acontece. Ele sente
As sombras dos que já existiram,
Os antigos que de novo a Terra visitam.
Pois os que hão-de vir apressam-nos,
E pouco mais hesita o sagrado exército
De homens divinos em deixar o Céu azul.

E já se veste o campo de verde num prelúdio
De tempo mais austero, para eles preparado, pronta está a oferenda
Para o banquete sacrificial, e vale e rios estendem-se
Em abertura envolvendo montes proféticos,
Para que o homem possa olhar até ao
Oriente e dele receber estímulos de mudança.

Mas do Éter cai
A imagem fiel, e palavras divinas chovem
Inúmeras, a seu respeito, e ressoa o mais íntimo do bosque.
E a águia, do Indo chega,
E voa por cima dos modestos
Cumes do Parnasso, excedendo em altura as colinas sacrificiais
Da Itália, e procura alegre presa
Para o Pai, não como outrora, mas mais ágil no voo
A águia antiga, exultante sobrevoa
Por fim os Alpes e vê a diversidade dos países.

Die Priesterin, die stillste Tochter Gottes,
Sie, die zu gern in tiefer Einfalt schweigt,
Sie suchet er, die offnen Auges schaute,
Als wüßte sie es nicht, jüngst, da ein Sturm
Toddrohend über ihrem Haupt ertönte;
Es ahnete das Kind ein Besseres,
Und endlich ward ein Staunen weit im Himmel
Weil Eines groß an Glauben, wie sie selbst,
Die segnende, die Macht der Höhe sei;
Drum sandten sie den Boten, der, sie schnell erkennend,
Denkt lächelnd so: Dich, unzerbrechliche, muß
Ein ander Wort erprüfen und ruft es laut,
Der Jugendliche, nach Germania schauend:
»Du bist es, auserwählt,
Alliebend und ein schweres Glück
Bist du zu tragen stark geworden,

Seit damals, da im Walde versteckt und blühendem Mohn
Voll süßen Schlummers, trunkene, meiner du
Nicht achtetest, lang, ehe noch auch geringere fühlten
Der Jungfrau Stolz und staunten wes du wärst und woher,
Doch du es selbst nicht wußtest. Ich mißkannte dich nicht,
Und heimlich, da du träumtest, ließ ich
Am Mittag scheidend dir ein Freundeszeichen,
Die Blume des Mundes zurück und du redetest einsam.
Doch Fülle der goldenen Worte sandtest du auch
Glückselige! mit den Strömen und sie quillen unerschöpflich
In die Gegenden all. Denn fast, wie der heiligen,

E a águia busca a sacerdotisa, a mais silenciosa
Das filhas de Deus, a que decisivamente prefere
Recolher-se no silêncio da sua profunda simplicidade,
A que recentemente contemplava de olhos abertos, como se o ignorasse,
A tempestade que se abatia sobre a sua cabeça, ameaçando morte;
A criança algo melhor pressentia,
E por fim houve espanto no Céu longínquo,
Porque Alguém, tão grandioso na fé, como ele,
O poder da Altura, era penhor de bênçãos,
Enviaram por isso a mensageira que, ao reconhecê-la sem demora,
Assim pensa sorrindo: a ti, ó indestrutível, é forçoso
Que outra palavra te submeta à prova e a Jovem
Proclama-o em voz alta, olhando para a Germânia:
«És tu, eleita,
Tu que tudo amas e te robusteceste
Para seres portadora de onerosa felicidade,

Desde outrora, quando, oculta na floresta e ébria
Da papoila em flor repleta de doce sonolência, não me
Prestavas atenção, há muito tempo, antes ainda de outros mais modestos
                também sentirem
O orgulho da virgem e espantados perguntarem quem eras e de onde vinhas,
E tu, no entanto, o desconhecias. Mas eu não deixei de conhecer-te,
E secretamente, quando sonhavas, deixei-te
Ao meio-dia, ao apartar-me, um sinal amigo,
A flor da boca, e tu falaste solitária.
Porém também enviaste profusas palavras de ouro,
Ó ditosa! com os grandes rios correndo inexaurivelmente
Em todas as zonas. Pois quase, como o que é santo,

Die Mutter ist von allem,
Die Verborgene sonst genannt von Menschen,
So ist von Lieben und Leiden
Und voll von Ahnungen dir
Und voll von Frieden der Busen.

O trinke Morgenlüfte,
Bis daß du offen bist,
Und nenne, was vor Augen dir ist,
Nicht länger darf Geheimnis mehr
Das Ungesprochene bleiben,
Nachdem es lange verhüllt ist;
Denn Sterblichen geziemet die Scham,
Und so zu reden die meiste Zeit,
Ist weise auch von Göttern.
Wo aber überflüssiger, denn lautere Quellen
Das Gold und ernst geworden ist der Zorn an dem Himmel,
Muß zwischen Tag und Nacht
Einsmals ein Wahres erscheinen.
Dreifach umschreibe du es,
Doch ungesprochen auch, wie es da ist,
Unschuldige, muß es bleiben.

O nenne Tochter du der heiligen Erd'
Einmal die Mutter. Es rauschen die Wasser am Fels
Und Wetter im Wald und bei dem Namen derselben
Tönt auf aus alter Zeit Vergangengöttliches wieder.
Wie anders ists! und rechthin glänzt und spricht
Zukünftiges auch erfreulich aus den Fernen.

É a mãe de todos,
Conhecida entre os homens como a oculta,
Assim o teu peito está repleto
De amor e de dor e de presságios
E repleto de paz.

Oh, bebe da manhã as brisas,
Até ficares aberta,
E diz o nome do que te enche os olhos,
Por mais tempo não pode, o que não foi dito,
Ficar envolto em mistério,
Depois de tanto tempo de silêncio;
Pois o pudor é próprio dos mortais,
E falar assim, quase todo o tempo,
Também é sabedoria dos deuses.
Mas quando o ouro fluir, mais abundante
Do que as fontes puras e no Céu a ira se tornar mais severa,
É forçoso que, entre o dia e a noite,
Por fim venha a aparecer algo verdadeiro.
Transcreve-o triplamente,
Deve porém manter-se inefável,
Inocente, tal como é.

Ó filha da sagrada Terra, diz
O nome de tua Mãe. Rumorejam as águas junto ao rochedo
E na floresta as tempestades e, ao ouvir-se, o nome dela
Volta a soar, vindo de tempos remotos, o divino do passado.
Como é diferente! e, com justiça e alegria,
Brilha e fala o futuro que também, vindo da distância, se aproxima.

Doch in der Mitte der Zeit
Lebt ruhig mit geweihter
Jungfräulicher Erde der Äther
Und gerne, zur Erinnerung, sind
Die unbedürftigen sie
Gastfreundlich bei den unbedürftgen
Bei deinen Feiertagen
Germania, wo du Priesterin bist
Und wehrlos Rat gibst rings
Den Königen und den Völkern.«

Porém no tempo intermédio
Serenamente vive o Éter
Com a Terra consagrada e virgem,
E agradados, para a memória, se encontram
Os sem-indigência
Acolhidos pelos sem-indigência.
Nos teus dias de festa,
Germânia, enquanto sacerdotisa que és,
E sem violência dás conselho à tua volta
Aos reis e ao povos.»

FRIEDENSFEIER

Ich bitte dieses Blatt nur gutmütig zu lesen. So wird es sicher nicht unfaßlich, noch weniger anstößig sein. Sollten aber dennoch einige eine solche Sprache zu wenig konventionell finden, so muß ich ihnen gestehen: ich kann nicht anders. An einem schönen Tage läßt sich ja fast jede Sangart hören, und die Natur, wovon es her ist, nimmts auch wieder. Der Verfasser gedenkt dem Publikum eine ganze Sammlung von dergleichen Blättern vorzulegen, und dieses soll irgend eine Probe sein davon.

Der himmlischen, still widerklingenden,
Der ruhigwandelnden Töne voll,
Und gelüftet ist der altgebaute,
Seliggewohnte Saal; um grüne Teppiche duftet
Die Freudenwolk' und weithinglänzend stehn,
Gereiftester Früchte voll und goldbekränzter Kelche,
Wohlangeordnet, eine prächtige Reihe,
Zur Seite da und dort aufsteigend über dem
Geebneten Boden die Tische.
Denn ferne kommend haben
Hieher, zur Abendstunde,
Sich liebende Gäste beschieden.

Und dämmernden Auges denk' ich schon,
Vom ernsten Tagwerk lächelnd,

A FESTA DA PAZ

Apenas peço uma leitura benévola desta folha. Assim ela não será certamente incompreensível e muito menos inconveniente. No entanto, se houver quem ache a sua linguagem pouco convencional, tenho que admitir que não sei escrever de outro modo. Num dia belo poder-se-ão ouvir quase todas as formas do canto, e a Natureza, da qual este provém, retomá-lo-á. O Autor pretende apresentar ao público um conjunto de folhas como a que serve de algum modo de introdução.

O salão antiquíssimo, morada dos Bem-aventurados,
Está fresco e repleto de sons celestiais
Que serenamente ecoam e em paz vagam;
Em torno de tapetes verdes o perfume
Da alegre neblina e, projectando o seu brilho, encontram-se
As mesas, repletas dos mais maduros frutos e de cálices
Recobertos de ouro, harmoniosamente, em sumptuosa sequência,
Erguendo-se aqui e além
Sobre o chão aplanado.
Pois vindos de longe
Até aqui, ao terminar o dia,
Aproximam-se convidados portadores de amor.

E de crepúsculo nos olhos ponho-me a pensar,
Sorrindo do grave labor quotidiano,

Ihn selbst zu sehn, den Fürsten des Fests.
Doch wenn du schon dein Ausland gern verleugnest,
Und als vom langen Heldenzuge müd,
Dein Auge senkst, vergessen, leichtbeschattet,
Und Freundesgestalt annimmst, du Allbekannter, doch
Beugt fast die Knie das Hohe. Nichts vor dir,
Nur Eines weiß ich, Sterbliches bist du nicht.
Ein Weiser mag mir manches erhellen; wo aber
Ein Gott noch auch erscheint,
Da ist doch andere Klarheit.

Von heute aber nicht, nicht unverkündet ist er;
Und einer, der nicht Flut noch Flamme gescheuet,
Erstaunet, da es stille worden, umsonst nicht, jetzt,
Da Herrschaft nirgend ist zu sehn bei Geistern und Menschen.
Das ist, sie hören das Werk,
Längst vorbereitend, von Morgen nach Abend, jetzt erst,
Denn unermeßlich braust, in der Tiefe verhallend,
Des Donnerers Echo, das tausendjährige Wetter,
Zu schlafen, übertönt von Friedenslauten, hinunter.
Ihr aber, teuergewordne, o ihr Tage der Unschuld,
Ihr bringt auch heute das Fest, ihr Lieben! und es blüht
Rings abendlich der Geist in dieser Stille;
Und raten muß ich, und wäre silbergrau
Die Locke, o ihr Freunde!
Für Kränze zu sorgen und Mahl, jetzt ewigen Jünglingen ähnlich.

Und manchen möcht' ich laden, aber o du,
Der freundlichernst den Menschen zugetan,

Que já estou a ver o próprio Príncipe da Paz.
Pois quando te apraz negar o teu exílio,
E, como se tivesses ficado cansado de longa campanha heróica,
Baixas o teu olhar, esquecido, levemente sombrio,
E assumes uma forma amiga, tu, de todos conhecido, porém
O sublime quase faz dobrar os joelhos. Nada sendo diante de ti,
Sei porém uma só coisa: não és mortal.
Um sábio poderá esclarecer-me muita coisa; mas, onde
Quer que ainda apareça também um deus,
A clareza é de ordem diferente.

Mas ele não é de hoje, não está por anunciar;
E alguém que não temeu cheia nem chama,
Não é em vão, agora que se fez silêncio, que surpreende, agora
Que nenhum domínio existe nos espíritos e nos homens.
Pois apenas agora ouvem a obra
Há muito preparada, do Levante ao Poente,
Pois imenso é o troar do eco do Tonante,
Reverberando nas profundezas, essa tempestade milenária,
Que desce para adormecer quando a ela se sobrepõem os sons da paz.
Vós, porém, ó caríssimos dias da inocência,
Sois vós, hoje também, os portadores da festa, amadíssimos! e floresce
Em redor o espírito no crepúsculo do silêncio;
E é imperioso que vos aconselhe, ó amigos!
Ainda que os vossos anéis do cabelo fossem grisalhos,
Que prepareis grinaldas e banquete, agora que semelhantes sois a eternos
                                                             jovens.

E muitos gostaria eu de convidar, mas ó tu,
Que propício aos homens, benignamente grave,

Dort unter syrischer Palme,
Wo nahe lag die Stadt, am Brunnen gerne war;
Das Kornfeld rauschte rings, still atmete die Kühlung
Vom Schatten des geweiheten Gebirges,
Und die lieben Freunde, das treue Gewölk,
Umschatteten dich auch, damit der heiligkühne
Durch Wildnis mild dein Strahl zu Menschen kam, o Jüngling!
Ach! aber dunkler umschattete, mitten im Wort, dich
Furchtbarentscheidend ein tödlich Verhängnis. So ist schnell
Vergänglich alles Himmlische; aber umsonst nicht;

Denn schonend rührt des Maßes allzeit kundig
Nur einen Augenblick die Wohnungen der Menschen
Ein Gott an, unversehn, und keiner weiß es, wenn?
Auch darf alsdann das Freche drüber gehn,
Und kommen muß zum heilgen Ort das Wilde
Von Enden fern, übt rauhbetastend den Wahn,
Und trifft daran ein Schicksal, aber Dank,
Nie folgt der gleich hernach dem gottgegebnen Geschenke;
Tiefprüfend ist es zu fassen.
Auch wär' uns, sparte der Gebende nicht
Schon längst vom Segen des Herds
Uns Gipfel und Boden entzündet.

Des Göttlichen aber empfingen wir
Doch viel. Es ward die Flamm' uns
In die Hände gegeben, und Ufer und Meersflut.
Viel mehr, denn menschlicher Weise
Sind jene mit uns, die fremden Kräfte, vertrauet.

Te comprazias em estar junto ao poço
Lá em baixo, debaixo da palmeira síria,
À entrada da cidade;
A seara rumorejava em volta, sereno era o respirar da frescura
Da sombra da montanha santa,
E os amados amigos, a nuvem de fidelidade,
Tambem te cobriam com a sua sombra, para que o santamente audaz
Raio, suavizado pela selva, chegasse aos homens, ó Jovem!
Ai! mas ainda mais sombrio te cobria com a sua sombra,
Enquanto falavas, terrivelmente decisivo, um destino fatídico. Assim tudo
O que é Celestial rapidamente passa; contudo não em vão;

Pois um deus que da medida tem infinito conhecimento
Toca, por um momento apenas, poupando-as, as moradas
Dos homens, imprevisivelmente, e ninguém o sabe, nem quando?
Também à insolência foi dado por cima delas depois passar,
E o que é indómito forçosamente vem ao lugar sagrado
Dos confins da Terra, imprime toscamente a sua raiva,
Cumprindo assim um destino, mas a gratidão
Nunca se segue de imediato às dádivas de Deus;
Concebê-lo exige funda provação.
Se aquele que dá não nos poupasse,
Há muito a bênção dos nossos lares
Teria posto fogo ao chão e ao telhado.

Porém muito nos foi dado
De quanto é divino. A chama foi-nos
Posta nas mãos, e areias e correntes do mar.
Muito mais do que o modo humano
Nos são aquelas forças estranhas familiares.

Und es lehret Gestirn dich, das
Vor Augen dir ist, doch nimmer kannst du ihm gleichen.
Vom Allebendigen aber, von dem
Viel Freuden sind und Gesänge,
Ist einer ein Sohn, ein Ruhigmächtiger ist er,
Und nun erkennen wir ihn,
Nun, da wir kennen den Vater
Und Feiertage zu halten
Der hohe, der Geist
Der Welt sich zu Menschen geneigt hat.

Denn längst war der zum Herrn der Zeit zu groß
Und weit aus reichte sein Feld, wann hats ihn aber erschöpfet?
Einmal mag aber ein Gott auch Tagewerk erwählen,
Gleich Sterblichen und teilen alles Schicksal.
Schicksalgesetz ist dies, daß Alle sich erfahren,
Daß, wenn die Stille kehrt, auch eine Sprache sei.
Wo aber wirkt der Geist, sind wir auch mit, und streiten,
Was wohl das Beste sei. So dünkt mir jetzt das Beste,
Wenn nun vollendet sein Bild und fertig ist der Meister,
Und selbst verklärt davon aus seiner Werkstatt tritt,
Der stille Gott der Zeit und nur der Liebe Gesetz,
Das schönausgleichende gilt von hier an bis zum Himmel.

Viel hat von Morgen an,
Seit ein Gespräch wir sind und hören voneinander,
Erfahren der Mensch; bald sind wir aber Gesang.
Und das Zeitbild, das der große Geist entfaltet,
Ein Zeichen liegts vor uns, daß zwischen ihm und andern

E os astros diante dos teus olhos
Te ensinam, porém nunca chegarás a ser-lhes semelhante.
Do que em si contém tudo o que é vivo,
De Quem provêm muitos cânticos e alegrias,
Se dele existe um Filho, é serenamente poderoso,
E agora reconhecêmo-lo,
Agora que conhecemos o Pai
E que para celebrar dias de festa
O excelso, o Espírito
Do mundo se inclinou para os homens.

Pois há muito ele fora demasiado grandioso para ser Senhor do Tempo
E o seu território era demasiado extenso, e quando é que ele o esgotou?
Uma vez, porém, pode um Deus escolher também trabalhos quotidianos,
Tal como os mortais, e com eles partilhar todo o destino.
E a lei do destino diz que todos se conheçam,
Que, quando se voltar a fazer silêncio, haja também uma linguagem.
Porém onde o Espírito actua, também nós nos encontramos, e discutimos
Sobre o que será afinal o melhor. Assim me pareça agora o melhor,
Agora que o Mestre terminou a sua imagem e deixou tudo acabado,
E, por ela transfigurado, sai da sua oficina
O silencioso deus do tempo e única lei do Amor,
Aquela que formosamente tudo equilibra e vigora de aqui até ao céu.

Muito tem aprendido o homem,
Desde o romper do dia, desde que somos um diálogo
E sabemos uns dos outros; mas em breve seremos um cântico.
E a imagem do tempo, que o magno Espírito amplia,
É um sinal que nos foi dado, de que entre ele e os outros

Ein Bündnis zwischen ihm und andern Mächten ist.
Nicht er allein, die Unerzeugten, Ew'gen
Sind kennbar alle daran, gleichwie auch an den Pflanzen
Die Mutter Erde sich und Licht und Luft sich kennet.
Zuletzt ist aber doch, ihr heiligen Mächte, für euch
Das Liebeszeichen, das Zeugnis
Daß ihrs noch seiet, der Festtag,

Der Allversammelnde, wo Himmlische nicht
Im Wunder offenbar, noch ungesehn im Wetter,
Wo aber bei Gesang gastfreundlich untereinander
In Chören gegenwärtig, eine heilige Zahl
Die Seligen in jeglicher Weise
Beisammen sind, und ihr Geliebtestes auch,
An dem sie hängen, nicht fehlt; denn darum rief ich
Zum Gastmahl, das bereitet ist,
Dich, Unvergeßlicher, dich, zum Abend der Zeit,
O Jüngling, dich zum Fürsten des Festes; und eher legt
Sich schlagen unser Geschlecht nicht,
Bis ihr Verheißenen all,
All ihr Unsterblichen, uns
Von eurem Himmel zu sagen,
Da seid in unserem Hause.

Leichtatmende Lüfte
Verkünden euch schon,
Euch kündet das rauchende Tal
Und der Boden, der vom Wetter noch dröhnet,
Doch Hoffnung rötet die Wangen,

Há uma aliança, entre ele e as outras potestades.
Não apenas ele, também os Incriados, Eternos, todos
Por ele se conhecem, tal como, pelas plantas,
A Terra-Mãe e a Luz e o Ar se conhecem.
Por último, ainda há para vós, ó sagradas potestades,
O sinal do Amor, o testemunho
De que continuais a ser, o dia de festa,

O que a todos reúne, em que os Celestiais não são
Revelados por milagres, nem invisíveis nas tempestades,
Porém nos cânticos acolhendo-se
Formam coros, em número sagrado
Os Bem-aventurados em todas as formas
Se juntam, e também Aquele que mais amam,
A quem tanto se afeiçoaram, não falta; pois por isso te chamei,
Ó Inesquecível, para o banquete que está preparado,
A ti, na noite do tempo,
Ó Jovem, a ti para seres o Príncipe da Festa; e a nossa geração
Não adormecerá,
Até que todos vós, ó Prometidos,
Todos vós, ó Imortais, para nos
Falardes do vosso Céu,
Vos encontreis na nossa casa.

Brisas embebidas de leveza
Já vos anunciam,
Sois anunciados pelos vapores do vale
E o solo, que ainda ressoa da tormenta,
Porém a esperança enrubesce a face,

Und vor der Türe des Hauses
Sitzt Mutter und Kind,
Und schauet den Frieden
Und wenige scheinen zu sterben
Es hält ein Ahnen die Seele,
Vom goldnen Lichte gesendet,
Hält ein Versprechen die Ältesten auf.

Wohl sind die Würze des Lebens,
Von oben bereitet und auch
Hinausgeführet, die Mühen.
Denn Alles gefällt jetzt,
Einfältiges aber
Am meisten, denn die langgesuchte,
Die goldne Frucht,
Uraltem Stamm
In schütternden Stürmen entfallen,
Dann aber, als liebstes Gut, vom heiligen Schicksal selbst,
Mit zärtlichen Waffen umschützt,
Die Gestalt der Himmlischen ist es.

Wie die Löwin, hast du geklagt,
O Mutter, da du sie,
Natur, die Kinder verloren.
Denn es stahl sie, Allzuliebende, dir
Dein Feind, da du ihn fast
Wie die eigenen Söhne genommen,
Und Satyren die Götter gesellt hast.
So hast du manches gebaut,

E à porta de casa
Estão sentados mãe e filho
E contemplam a paz
E poucos parecem morrer,
Um presságio detém a alma;
Enviada pelo ouro da luz,
Uma promessa detém os mais idosos.

É certo que os arómatas da vida,
Os trabalhos, do alto recebem os seus desígnios
E dele o seu cumprimento.
Pois tudo agora é aprazível,
Mas a simplicidade
Acima de tudo, pois o fruto de ouro,
Há muito demandado,
Caído de um tronco antiquíssimo
No meio de terríveis tormentas,
Depois, porém, como bem mais precioso, é a forma
Dos Celestiais que é protegida pelo próprio destino sagrado
Com armas de ternura.

Como a leoa lamentaste-te,
Ó mãe, quando tu, ó Natureza,
Perdeste os teus filhos.
Pois a ti, que amas sem medida, tos
Roubou o teu inimigo, quando quase o
Tomaste pelos teus próprios filhos,
E a sátiros juntaste os deuses.
Assim, muitas coisas empreendeste

Und manches begraben,
Denn es haßt dich, was
Du, vor der Zeit
Allkräftige, zum Lichte gezogen.
Nun kennest, nun lässest du dies;
Denn gerne fühllos ruht,
Bis daß es reift, furchtsamgeschäftiges drunten.

E muitas enterraste,
Pois o que tu, no excesso das tuas forças,
Deste à luz antes do tempo,
Agora te odeia.
Agora sabe-lo, agora abandona-lo;
Pois o que se consome e teme gosta de repousar impassível
No mundo inferior até que chegue o seu tempo de amadurecer.

DER EINZIGE
Erste Fassung

Was ist es, das
An die alten seligen Küsten
Mich fesselt, daß ich mehr noch
Sie liebe, als mein Vaterland?
Denn wie in himmlische
Gefangenschaft verkauft
Dort bin ich, wo Apollo ging
In Königsgestalt,
Und zu unschuldigen Jünglingen sich
Herabließ Zevs und Söhn' in heiliger Art
Und Töchter zeugte
Der Hohe unter den Menschen?

Der hohen Gedanken
Sind nämlich viel
Entsprungen des Vaters Haupt
Und große Seelen
Von ihm zu Menschen gekommen.
Gehöret hab' ich
Von Elis und Olympia, bin
Gestanden oben auf dem Parnaß,
Und über Bergen des Isthmus,
Und drüben auch

O ÚNICO
Primeira versão

O que é que me
Prende aos antigos ditosos
Litorais de tal modo que ainda mais
Os amo do que a minha própria Pátria?
Pois como entregado
A prisão divina e vendido
Encontro-me onde Apolo andou
Sob forma de rei,
E Zeus condescendeu em juntar-se
A jovens inocentes e gerou de modo sagrado
Filhos e filhas,
Esse que pertencendo às alturas está entre os mortais.

Muitos pensamentos elevados
Procederam em verdade
Da cabeça do Pai,
E grandes almas
Dele vieram falar aos homens.
Ouvi falar
De Élida e de Olímpia, estive
No cimo do Parnaso
E percorri montes do Istmo
E também fui até ao outro lado,

Bei Smyrna und hinab
Bei Ephesos bin ich gegangen;

Viel hab' ich schönes gesehn,
Und gesungen Gottes Bild,
Hab' ich, das lebet unter
Den Menschen, aber dennoch
Ihr alten Götter und all
Ihr tapfern Söhne der Götter
Noch Einen such ich, den
Ich liebe unter euch,
Wo ihr den letzten eures Geschlechts
Des Hauses Kleinod mir
Dem fremden Gaste verberget.

Mein Meister und Herr!
O du, mein Lehrer!
Was bist du ferne
Geblieben? und da
Ich fragte unter den Alten,
Die Helden und
Die Götter, warum bliebest
Du aus? Und jetzt ist voll
Von Trauern meine Seele
Als eifertet, ihr Himmlischen, selbst
Daß, dien' ich einem, mir
Das andere fehlet.

Perto de Esmirna, e até lá em baixo
Perto de Éfeso;

Muitas coisas belas vi,
E cantei a imagem de Deus,
Que vive entre os homens,
Porém, no entanto,
Vós, ó antigos deuses e vós,
Ó audaciosos filhos dos deuses,
Existe ainda Um que eu procuro,
Aquele que eu amo, entre vós,
Onde me ocultais o último
Da vossa estirpe,
A jóia entesourada em vossa casa,
A mim, que sou um hóspede estranho.

Meu Mestre e meu Senhor!
Ó meu pedagogo!
Porque ficaste longe?
E enquanto perguntava
Aos mais antigos,
Aos heróis e
Aos deuses, porque
Ficaste de fora? E agora cheia
De tristeza está a minha alma,
Como se vós próprios, ó Celestiais, zelásseis,
Para que, ao servir um, eu sentisse
A falta de outro.

Ich weiß es aber, eigene Schuld
Ists! Denn zu sehr,
O Christus! häng' ich an dir,
Wiewohl Herakles Bruder
Und kühn bekenn' ich, du
Bist Bruder auch der Eviers, der
An den Wagen spannte
Die Tyger und hinab
Bis an den Indus
Gebietend freudigen Dienst
Den Weinberg stiftet und
Den Grimm bezähmte der Völker.

Es hindert aber eine Scham
Mich dir zu vergleichen
Die weltlichen Männer. Und freilich weiß
Ich, der dich zeugte, dein Vater,
Derselbe der,

Denn nimmer herrscht er allein.

Es hänget aber an Einem
Die Liebe. Diesesmal
Ist nämlich vom eigenen Herzen
Zu sehr gegangen der Gesang,
Gut machen will ich den Fehl
Wenn ich noch andere singe.

Mas bem sei que toda a culpa
Me pertence! Pois desmesuradamente,
Ó Cristo, a ti me afeiçoei,
Mesmo sendo tu irmão de Hércules
E ousadamente confesso que és
Também irmão de Évio, que
Ao carro atrelou
Os tigres e descendo
Até ao Indo,
Determinando o seu culto alegre,
Criou a vinha e
Domou a ira dos povos.

No entanto um pudor
Me impede de comparar contigo
Os homens mundanos. E é certo que sei,
Que aquele que te gerou, o teu Pai,
O mesmo que,

Pois ele nunca governa sozinho.

Mas o Amor apenas a Um
Se afeiçoa. Desta vez
O cântico excessivamente brotou
Do meu próprio coração,
Esse erro quero corrigir,
Ao cantar ainda outros.

Nie treff ich, wie ich wünsche,
Das Maß. Ein Gott weiß aber
Wenn kommet, was ich wünsche das Beste.
Denn wie der Meister
Gewandelt auf Erden

Ein gefangener Aar,
Und viele, die
Ihn sahen, fürchteten sich,
Dieweil sein Äußerstes tat
Der Vater und sein Bestes unter
Den Menschen wirkete wirklich,
Und sehr betrübt war auch
Der Sohn so lange, bis er
Gen Himmel fuhr in den Lüften,
Dem gleich ist gefangen die Seele der Helden.
Die Dichter müssen auch
Die geistigen weltlich sein.

Jamais encontro, como desejaria,
A justa medida. Mas um Deus sabe,
Quando vier, o que eu desejo, o melhor.
Pois tal como o Mestre
Passou pela Terra,

Águia cativa,
E muitos que
O viram, temeram,
Pois o Pai foi até ao extremo
E deu o seu melhor aos
Homens e actuou verdadeiramente,
E tanto tempo ficou muito perturbado,
Também o filho, até
Ascender aos Céus pelos ares,
Tal como a Ele fica presa a alma dos heróis.
Aos poetas também compete
Sendo do espírito, ser também do mundo.

PATMOS
Dem Landgrafen von Homburg

Nah ist
Und schwer zu fassen der Gott.
Wo aber Gefahr ist, wächst
Das Rettende auch.
Im Finstern wohnen
Die Adler und furchtlos gehn
Die Söhne der Alpen über den Abgrund weg
Auf leichgebaueten Brücken.
Drum, da gehäuft sind rings
Die Gipfel der Zeit, und die Liebsten
Nah wohnen, ermattend auf
Getrenntesten Bergen,
So gib unschuldig Wasser,
O Fittige gib uns, treuesten Sinns
Hinüberzugehn und wiederzukehren.

So sprach ich, da entführte
Mich schneller, denn ich vermutet
Und weit, wohin ich nimmer
Zu kommen gedacht, ein Genius mich
Vom eigenen Haus'. Es dämmerten
Im Zwielicht, da ich ging
Der schattige Wald
Und die sehnsüchtigen Bäche

PATMOS
Ao Landgrave de Homburg

Próximo
E difícil de abarcar está Deus.
Mas onde existe o perigo também
A salvação é pródiga.
Na obscuridade vivem as águias
E, sem medo, os filhos
Dos Alpes atravessam o abismo
Sobre pontes feitas de leveza.
Por isso, por à volta se avolumarem
Os cumes do tempo e os mais caros
Perto deles viverem, cansados, nos
Montes mais afastados,
Dá-nos, pois, água pura,
Oh, dá-nos asas para, em total fidelidade,
Irmos até lá e de novo voltarmos.

Tendo isto dito, fui arrebatado
Mais depressa do que imaginava
E mais longe do que alguma vez
Pensara chegar, por um génio
Do meu próprio lar. Ao afastar-me,
Mergulhavam no crepúsculo
A floresta frondosa
E os saudosos ribeiros

Der Heimat; nimmer kannt' ich die Länder;
Doch bald, in frischem Glanze,
Geheimnisvoll
Im goldenen Rauche, blühte
Schnellaufgewachsen,
Mit Schritten der Sonne,
Mit tausend Gipfeln duftend,

Mir Asia auf, und geblendet sucht'
Ich eines, das ich kennete, denn ungewohnt
War ich der breiten Gassen, wo herab
Vom Tmolus fährt
Der goldgeschmückte Paktol
Und Taurus stehet und Messogis,
Und voll von Blumen der Garten,
Ein stilles Feuer; aber im Lichte
Blüht hoch der silberne Schnee;
Und Zeug unsterblichen Lebens
An unzugangbaren Wänden
Uralt der Efeu wächst und getragen sind
Von lebenden Säulen, Zedern und Lorbeern
Die feierlichen,
Die göttlichgebauten Paläste.

Es rauschen aber um Asias Tore
Hinziehend da und dort
In ungewisser Meeresebene
Der schattenlosen Straßen genug,
Doch kennt die Inseln der Schiffer.

Da terra natal; nunca conhecera esses países;
Mas em breve, na frescura do esplendor,
Misteriosamente
Envolta em fumo de ouro, abria-se-me em flor
Brotada subitamente,
Com os passos do sol,
Com o aroma de mil cumes,

A Ásia, e ofuscado procurava
Algo que eu conhecesse, pois eram-me
Estranhas as ruas largas, por onde desce,
Vindo do Tmolo,
O Pactolo de ouro adornado
E se erguem Tauro e Messogis,
E, repleto de flores de jardins,
Um fogo sereno; mas na luz
Floresce nos cimos a neve de prata;
E testemunhando a vida imortal,
Sobre os inacessíveis muros
Trepa a antiquíssima hera e apoiam-se
Em colunas vivas, cedros e loureiros
Os festivos
Palácios divinamente construídos.

Às portas da Ásia, porém, rumorejam,
Dirigindo-se aqui e ali
Para incertas planícies marinhas,
Suficientes caminhos sem sombra,
Mas o navegante conhece as ilhas.

Und da ich hörte
Der nahegelegenen eine
Sei Patmos,
Verlangte mich sehr,
Dort einzukehren und dort
Der dunkeln Grotte zu nahn.
Denn nicht, wie Cypros,
Die quellenreiche, oder
Der anderen eine
Wohnt herrlich Patmos,

Gastfreundlich aber ist
Im ärmeren Hause
Sie dennoch
Und wenn vom Schiffbruch oder klagend
Um die Heimat oder
Den abgeschiedenen Freund
Ihr nahet einer
Der Fremden, hört sie es gern, und ihre Kinder
Die Stimmen des heißen Hains,
Und wo der Sand fällt, und sich spaltet
Des Feldes Fläche, die Laute
Sie hören ihn und liebend tönt
Es wider von den Klagen des Manns. So pflegte
Sie einst des gottgeliebten,
Des Sehers, der in seliger Jugend war

Gegangen mit
Dem Sohne des Höchsten, unzertrennlich, denn

E, ao ouvir
Que uma das que estavam perto
Era Patmos,
Senti um anelo incontível
De aí me abrigar e aí
Me aproximar da gruta escura.
Pois Patmos não vive
Como Chipre, abundante em fontes,
Ou magnificamente
Como qualquer das outras,

Contudo é hospitaleira
Na sua casa pobre
Apesar de tudo.
E quando dela se aproxima
Algum estranho, náufrago,
Ou em pranto pela Pátria ou
Pelo amigo morto,
Gosta de ouvi-lo e os seus filhos,
As vozes do bosque quente,
E onde a areia cai e se fende
A superfície do campo, os sons,
Ouvem-no e amorosamente encontra
Eco o pranto do homem. Assim cuidou
Outrora do amado de Deus,
Do vidente, que em ditosa juventude

Andara com
O Filho do Altíssimo, inseparável, pois

Es liebte der Gewittertragende die Einfalt
Des Jüngers und es sahe der achtsame Mann
Das Angesicht des Gottes genau,
Da, beim Geheimnisse des Weinstocks, sie
Zusammensaßen, zu der Stunde des Gastmahls,
Und in der großen Seele, ruhigahnend den Tod
Aussprach der Herr und die letzte Liebe, denn nie genug
Hatt' er von Güte zu sagen
Der Worte, damals, und zu erheitern, da
Ers sahe, das Zürnen der Welt.
Denn alles ist gut. Drauf starb er. Vieles wäre
Zu sagen davon. Und es sahn ihn, wie er siegend blickte
Den Freudigsten die Freunde noch zuletzt,

Doch trauerten sie, da nun
Es Abend worden, erstaunt,
Denn Großentschiedenes hatten in der Seele
Die Männer, aber sie liebten unter der Sonne
Das Leben und lassen wollten sie nicht
Vom Angesichte des Herrn
Und der Heimat. Eingetrieben war,
Wie Feuer im Eisen, das, und ihnen ging
Zur Seite der Schatte des Lieben.
Drum sandt' er ihnen
Den Geist, und freilich bebte
Das Haus und die Wetter Gottes rollten
Ferndonnernd über
Die ahnenden Häupter, da, schwersinnend
Versammelt waren die Todeshelden,

O Deus das tempestades amava a simplicidade
Do discípulo, e o homem atento viu
Exactamente o rosto de Deus,
Quando, no mistério da vide, todos
Estavam juntos, sentados, durante a ceia,
E o Senhor, na grandeza da sua alma, serena de pressentimento,
Falou da morte e do amor derradeiro, pois as palavras
Não lhe bastavam para dizer toda a bondade,
Na altura, e para dar ânimo quando
Tinha diante dos olhos a fúria do mundo.
Porque tudo é bom. Depois morreu. Muito haveria
A contar sobre isso. E os amigos viram ainda, no fim,
O olhar vitorioso daquele que é toda a alegria,

No entanto ficaram tristes, cheios de assombro,
A noite caíra,
Pois esses homens tinham na alma
Grandes desígnios, mas amavam a vida
À luz do sol e não queriam apartar-se
Do rosto do Senhor
E da Pátria. Tudo isso se lhes gravara
Como fogo no ferro e ao seu lado
Caminhava com eles a sombra do Amado.
Por isso ele lhes enviou
O Espírito e é verdade que a casa
Tremeu e as tempestades de Deus rolaram
Ribombando ao longe sobre
As cabeças em expectativa, quando, na oração absortos,
Estavam reunidos os heróis da morte,

Itzt, da er scheidend
Noch einmal ihnen erschien.
Denn itzt erlosch der Sonne Tag
Der Königliche und zerbrach
Den geradestrahlenden,
Den Zepter, göttlichleidend, von selbst,
Denn wiederkommen sollt es
Zu rechter Zeit. Nicht wär es gut
Gewesen, später, und schroffabbrechend, untreu,
Der Menschen Werk, und Freude war es
Von nun na,
Zu wohnen in liebender Nacht, und bewahren
In einfältigen Augen, unverwandt
Abgründe der Weisheit. Und es grünen
Tief an den Bergen auch lebendige Bilder,

Doch furchtbar ist, wie da und dort
Unendlich hin zerstreut das Lebende Gott.
Denn schon das Angesicht
Der teuern Freunde zu lassen
Und fernhin über die Berge zu gehn
Allein, wo zweifach
Erkannt, einstimmig
War himmlischer Geist; und nicht geweissagt war es, sondern
Die Locken ergriff es, gegenwärtig,
Wenn ihnen plötzlich
Ferneilend zurück blickte
Der Gott und schwörend,
Damit er halte, wie an Seilen golden

Agora que ele, em despedida,
Mais uma vez lhes apareceu.
Pois agora apagou-se o dia do sol,
Régio, e quebrou-se
Por si o ceptro,
Erguido e radioso, com o sofrimento divino,
Pois haveria de voltar de novo,
Quando chegasse a hora. Não teria sido
Bom mais tarde e, bruscamente antecipada, seria infiel,
Obra do homem, e passou a ser
Uma alegria
Viver em noite cheia de amor e guardar
Nos olhos simples, inalteráveis,
Abismos de sabedoria. E vicejam também
Até ao fundo dos montes imagens vivas,

Mas é terrível a dispersão
A que Deus vota, aqui e ali, infinitamente, tudo o que vive.
Pois já o era deixar
O rosto dos amigos caros
E afastar-se para longe, para lá dos montes,
Só, para onde era duplamente
Reconhecido, sendo unânime,
O Espírito Celeste; e não era uma profecia, antes
Lhes prendia os anéis dos cabelos, presente,
Quando Deus, desaparecendo
Rapidamente, lhes volvia o olhar
E, prestando juramento
De os manter para sempre unidos,

Gebunden hinfort
Das Böse nennend, sie die Hände sich reichten —

Wenn aber stirbt alsdenn
Na dem am meisten
Die Schönheit hing, daß an der Gestalt
Ein Wunder war und die Himmlischen gedeutet
Auf ihn, und wenn, ein Rätsel ewig füreinander
Sie sich nicht fassen können
Einander, die zusammenlebten
Im Gedächtnis, und nicht den Sand nur oder
Die Weiden es hinwegnimmt und die Tempel
Ergreift, wenn die Ehre
Des Halbgotts und der Seinen
Verweht und selber sein Angesicht
Der Höchste wendet
Darob, daß nirgend ein
Unsterbliches mehr am Himmel zu sehn ist oder
Auf grüner Erde, was ist dies?

Es ist der Wurf des Säemanns, wenn er faßt
Mit der Schaufel den Weizen,
Und wirft, dem Klaren zu, ihn schwingend über die Tenne.
Ihm fällt die Schale vor den Füßen, aber
Ans Ende kommet das Korn,
Und nicht ein Übel ists, wenn einiges
Verloren gehet und von der Rede
Verhallet der lebendige Laut,
Denn göttliches Werk auch gleichet dem unsern,

Como por cordas de ouro,
Referindo-se ao mal, para que eles as mãos dessem uns aos outros —

Mas quando chega o momento de morrer,
Aquele que mais continha em si
Toda a beleza, cuja figura
Era um milagre e para ele os Celestiais
Apontavam e quando, eterno enigma para todos,
Não eram capazes de entender
Cada um dos que viviam unidos
Na memória, e não o anula sequer
A areia ou as pastagens e atinge
Os templos, quando a honra
Do semideus e dos seus
Se dissipa e até o Altíssimo
Afasta o seu rosto
Por já não ver nenhum
Imortal no Céu ou
Na Terra verdejante, que significa isto?

É o semeador que espalha, ao tomar
Com a pá os grãos de trigo,
E espalha-os em direcção ao ar claro, levantando-os sobre a eira.
Cai-lhe aos pés a palha, mas
Por fim vêm os grãos,
E mal não há se algum
Se perder e o vivo som
Da fala se evolar,
Pois o trabalho divino também ao nosso é semelhante,

Nicht alles will der Höchste zumal.
Zwar Eisen träget der Schacht,
Und glühende Harze der Ätna,
So hätt' ich Reichtum,
Ein Bild zu bilden, und ähnlich
Zu schaun, wie er gewesen, den Christ,

Wenn aber einer spornte sich selbst,
Und traurig redend, unterweges, da ich wehrlos wäre
Mich überfiele, daß ich staunt' und von dem Gotte
Das Bild nachahmen möcht' ein Knecht —
Im Zorne sichtbar sah' ich einmal
Des Himmels Herrn, nicht, daß ich sein sollt etwas, sondern
Zu lernen. Gütig sind sie, ihr Verhaßtestes aber ist,
So lange sie herrschen, das Falsche, und es gilt
Dann Menschliches unter Menschen nicht mehr.
Denn sie nicht walten, es waltet aber
Unsterblicher Schicksal und es wandelt ihr Werk
Von selbst, und eilend geht es zu Ende.
Wenn nämlich höher gehet himmlischer
Triumphgang, wird genennet, der Sonne gleich
Von Starken der frohlockende Sohn des Höchsten,

Ein Losungszeichen, und hier ist der Stab
Des Gesanges, niederwinkend,
Denn nichts ist gemein. Die Toten wecket
Er auf, die noch gefangen nicht
Vom Rohen sind. Es warten aber
Der scheuen Augen viele

O Altíssimo não pretende tudo de uma só vez.
É certo que há ferro na mina
E no Etna resina ardente;
Assim teria eu riqueza
Para plasmar uma imagem, nela vendo
A semelhança de Cristo, tal como ele existiu,

Mas se alguém ganhasse ânimo,
E falando com tristeza, ao andar, estando eu indefeso,
Me assaltasse pelo meu espanto e desejo
De imitar a imagem de Deus, sendo eu um servo —
Uma vez vi claramente a ira
Dos senhores do Céu, não por dever eu ser algo, mas
Para que eu aprendesse. São bondosos, mas o que mais abominam,
Enquanto reinam, é a falsidade, quando
Entre os homens deixa de haver o que é humano.
Mas quando não são eles que dominam, mas domina
O destino imortal e a sua obra por si mesma
Se move, precipitando-se vertiginosamente para o fim.
Porém, quando o divino cortejo triunfal
Se erguer, será nomeado, semelhante ao Sol,
Pelos fortes, o Filho exultante do Altíssimo,

Un sinal de anúncio, mas eis que a vara
Do canto vai descendo,
Pois nada há em comum. Ele ressuscita
Os mortos, ainda não libertos
Da crueza. E esperam
Muitos olhos tímidos

Zu schauen das Licht. Nicht wollen
Am scharfen Strahle sie blühn,
Wiewohl den Mut der goldene Zaum hält.
Wenn aber, als
Von schwellenden Augenbrauen
Der Welt vergessen
Stilleuchtende Kraft aus heiliger Schrift fällt, mögen
Der Gnade sich freuend, sie
Am stillen Blicke sich üben.

Und wenn die Himmlischen jetzt
So, wie ich glaube, mich lieben
Wie viel mehr Dich,
Denn Eines weiß ich,
Daß nämlich der Wille
Des ewigen Vaters viel
Dir gilt. Still ist sein Zeichen
Am donnernden Himmel. Und Einer stehet darunter
Sein Leben lang. Denn noch lebt Christus.
Es sind aber die Helden, seine Söhne
Gekommen all und heilige Schriften
Von ihm und den Blitz erklären
Die Taten der Erde bis itzt,
Ein Wettlauf unaufhaltsam. Er ist aber dabei. Denn seine Werke sind
Ihm alle bewußt von jeher.

Zu lang, zu lang schon ist
Die Ehre der Himmlischen unsichtbar.
Denn fast die Finger müssen sie

Poder olhar a luz. Não querem
Florir em nítido clarão,
Por muito que o freio de ouro lhes refreie a coragem.
Mas quando
De sobrancelhas túmidas,
Esquecidos do mundo,
Cair a força de radiosa serenidade da Escritura Santa, possam
Com a alegria da Graça, experimentá-la
No seu sereno olhar.

E se os Celestiais agora,
Tal como creio, me amam,
Quanto mais a Ti,
Pois uma coisa eu sei:
Que a vontade do eterno Pai,
Na verdade, muito para Ti vale. Sereno é o seu sinal
No Céu trovejante. E há alguém que, em baixo,
Sob ele permanece toda a vida. Pois Cristo ainda vive.
E vieram todos os heróis, seus filhos,
E Escrituras Santas a seu respeito
E os feitos da Terra explicam
O clarão até agora,
Uma corrida imparável. Mas ele tudo acompanha. Pois as suas obras
São desde sempre do seu conhecimento.

Já por demasiado, demasiado tempo
A honra dos Celestiais se deixou de ver.
Pois quase nos têm de guiar os dedos

Uns führen und schmählich
Entreißt das Herz uns eine Gewalt.
Denn Opfer will der Himmlischen jedes,
Wenn aber eines versäumt ward,
Nie hat es Gutes gebracht.
Wir haben gedienet der Mutter Erd'
Und haben jüngst dem Sonnenlichte gedient,
Unwissend, der Vater aber liebt,
Der über allen waltet,
Am meisten, daß gepfleget werde
Der feste Buchstab, und bestehendes gut
Gedeutet. Dem folgt deutscher Gesang.

E, vergonhosamente,
Uma força nos arranca o coração.
Pois cada um dos Celestiais quer sacrifícios.
E se algum for omitido,
Nada de bom acontece.
Servimos já a Terra Mãe
E recentemente a Luz do Sol servimos,
Ignorando-o, mas o Pai,
Que a todos domina,
De preferência ama que se cuide
A letra gravada e se interprete bem
O que permanece. E o canto alemão segue-o.

ANDENKEN

Der Nordost wehet,
Der liebste unter den Winden
Mir, weil er feurigen Geist
Und gute Fahrt verheißet den Schiffern.
Geh aber nun und grüße
Die schöne Garonne,
Und die Gärten von Bourdeaux
Dort, wo am scharfen Ufer
Hingehet der Steg und in den Strom
Tief fällt der Bach, darüber aber
Hinschauet ein edel Paar
Von Eichen und Silberpappeln;

Noch denket das mir wohl und wie
Die breiten Gipfel neiget
Der Ulmwald, über die Mühl',
Im Hofe aber wächset ein Feigenbaum.
An Feiertagen gehn
Die braunen Frauen daselbst
Auf seidnen Boden,
Zur Märzenzeit,
Wenn gleich ist Nacht und Tag,
Und über langsamen Stegen,

LEMBRANÇA

Sopra o Nordeste,
O que me é mais caro
De todos os ventos, pois promete
O fogo do espírito e a boa viagem aos navegantes.
Parte então e saúda
O belo Garona
E os jardins de Bordéus
No sítio em que, junto à alcantilada margem,
Passa a vereda, e o ribeiro precipita-se
Para o fundo do rio, enquanto, do alto,
Se debruçam nobres pares
De carvalhos e de choupos de prata;

Ainda recordo bem
Como a floresta de ulmeiros orla
Os amplos cimos dos montes, acima do moinho,
E no pátio há uma figueira.
Em dias festivos passam
Mulheres morenas
Pelo chão sedoso
Quando é Março
Quando a noite e o dia são iguais,
E sobre lentas veredas,

Von goldenen Träumen schwer,
Einwiegende Lüfte ziehen.

Es reiche aber,
Des dunkeln Lichtes voll,
Mir einer den duftenden Becher,
Damit ich ruhen möge; denn süß
Wär' unter Schatten der Schlummer.
Nicht ist es gut,
Seellos von sterblichen
Gedanken zu sein. Doch gut
Ist ein Gespräch und zu sagen
Des Herzens Meinung, zu hören viel
Von Tagen der Lieb',
Und Taten, welche geschehen.

Wo aber sind die Freunde? Bellarmin
Mit dem Gefährten? Mancher
Trägt Scheue, an die Quelle zu gehn;
Es beginnet nämlich der Reichtum
Im Meere. Sie,
Wie Maler, bringen zusammen
Das Schöne der Erd' und verschmähn
Den geflügelten Krieg nicht, und
Zu wohnen einsam, jahrlang, unter
Dem entlaubten Mast, wo nicht die Nacht durchglänzen
Die Feiertage der Stadt,
Und Saitenspiel und eingeborener Tanz nicht.

Carregadas de sonhos de ouro,
Deslizam brisas que embalam.

Estenda-me alguém,
Então, a taça perfumada
Repleta de luz escura,
Para que eu possa descansar; pois doce
Seria o sono sob as sombras.
Não é bom
Por mortais pensamentos
Estar sem alma. É bom
Dialogar e dizer
O que vai no coração, ouvir falar
Dos dias do amor
E das coisas que acontecem.

Mas os amigos, onde estão? Belarmino
E o seu companheiro? Muitos
Receiam ir à fonte;
Mas é no mar que começa
A riqueza. Eles,
Tal como pintores, reúnem
A beleza da Terra e não desprezam
A alada guerra e
A vida solitária, ano após ano, sob
O mastro sem folhas, onde a noite não enchem de luz
Os dias festivos da cidade,
Nem o som da lira, nem a dança nativa.

Nun aber sind zu Indiern
Die Männer gegangen,
Dort an der luftigen Spitz'
An Traubenbergen, wo herab
Die Dordogne kommt,
Und zusammen mit der prächt'gen
Garonne meerbreit
Ausgehet der Strom. Es nehmet aber
Und gibt Gedächtnis die See,
Und die Lieb' auch heftet fleißig die Augen,
Was bleibet aber, stiften die Dichter.

E agora para a Índia
Partiram os homens
Além, do ventoso promontório
Junto aos montes de vinhedos, de onde
Desce o Dordonha
E juntando-se ao esplendoroso
Garona em amplidão marítima
O caudal termina. E o mar
Tira e dá memória,
E também o amor se apodera em fim dos olhos.
E os poetas fundam o que permanece.

DER ISTER

Jetzt komme, Feuer!
Begierig sind wir
Zu schauen den Tag,
Und wenn die Prüfung
Ist durch die Knie gegangen,
Mag einer spüren das Waldgeschrei.
Wir singen aber vom Indus her
Fernangekommen und
Vom Alpheus, lange haben
Das Schickliche wir gesucht,
Nicht ohne Schwingen mag
Zum Nächsten einer greifen
Geradezu
Und kommen auf die andere Seite.
Hier aber wollen wir bauen.
Denn Ströme machen urbar
Das Land. Wenn nämlich Kräuter wachsen
Und an denselben gehn
Im Sommer zu trinken die Tiere,
So gehn auch Menschen daran.

Man nennet aber diesen den Ister.
Schön wohnt er. Es brennet der Säulen Laub,
Und reget sich. Wild stehn

O DANÚBIO

Sê agora tu, ó fogo, a vir!
Ávidos estamos
De contemplar o dia,
E, quando a provação
Já tiver passado pelos joelhos,
Todo o chilreio na floresta se poderá ouvir.
Nós, porém, cantamos ao chegar,
Vindos do distante Indo e
Do Alfeu, por muito tempo
Procurámos o destino previsto,
A ninguém é possível sem asas
Alcançar o que está mais próximo
Directamente
E chegar à outra margem.
Mas é o sítio que queremos cultivar.
Pois os grandes rios tornam a terra
Úbere. Quando brotam plantas aromáticas
E a eles vão beber
No Verão os animais
Também deles se aproximam os homens.

E a este chamam o Danúbio.
Bela é a sua morada. Arde a folhagem das colunas
E inclina-se. Desordenadamente erguem-se

Sie aufgerichtet, untereinander; darob
Ein zweites Maß, springt vor
Von Felsen das Dach. So wundert
Mich nicht, daß er
Den Herkules zu Gaste geladen,
Fernglänzend, am Olympos drunten,
Da der, sich Schatten zu suchen
Vom heißen Isthmos kam,
Denn voll des Mutes waren
Daselbst sie, es bedarf aber, der Geister wegen,
Der Kühlung auch. Darum zog jener lieber
An die Wasserquellen hieher und gelben Ufer,
Hoch duftend oben, und schwarz
Vom Fichtenwald, wo in den Tiefen
Ein Jäger gern lustwandelt
Mittags, und Wachstum hörbar ist
An harzigen Bäumen des Isters,

Der scheinet aber fast
Rückwärts zu gehen und
Ich mein, er müsse kommen
Von Osten.
Vieles wäre
Zu sagen davon. Und warum hängt er
An den Bergen gerad? Der andre
Der Rhein ist seitwärts
Hinweggegangen. Umsonst nicht gehn
Im Trocknen die Ströme. Aber wie? Ein Zeichen braucht es
Nichts anderes, schlecht und recht, damit es Sonn

Em planos diferentes; sobre elas
Uma segunda escala, o telhado
Salienta-se das rochas. Assim não me
Surpreende que ele tenha
Convidado Hércules para hóspede
Brilhando à distância, abaixo do Olimpo,
Quando ele, em busca de sombras,
Se aproximava vindo do Istmo escaldante,
Pois cheios de coragem eles
Aí se encontravam, mas aos espíritos também
Fazia falta a frescura. Por isso aquele preferiu
Vir até a estas nascentes e margens amarelas,
Cujo perfume ascende ao alto, e da cor negra
Da floresta de abetos, em cujas brenhas
O caçador gosta de vaguear
Ao meio-dia e se pode ouvir o crescimento
Das árvores resinosas do Danúbio,

Porém este quase parece
andar para trás e
Parece-me que ele deveria proceder
Do oriente.
Haveria muito
A dizer a este respeito. E porque segue ele
O sopé dos montes? O outro grande rio,
O Reno, afastou-se
Noutra direcção. Não é em vão que os grandes rios
Cobrem terras áridas. Como é possível? Urge um sinal
Apenas, elementar, que contenha

Und Mond trag' im Gemüt', untrennbar,
Und fortgeh, Tag und Nacht auch, und
Die Himmlischen warm sich fühlen aneinander.
Darum sind jene auch
Die Freude des Höchsten. Denn wie käm er
Herunter? Und wie Hertha grün,
Sind sie die Kinder des Himmels. Aber allzugedultig
Scheint der mir, nicht
Freier, und fast zu spotten. Nämlich wenn

Angehen soll der Tag
In der Jugend, wo er zu wachsen
Anfängt, es treibet ein anderer da
Hoch schon die Pracht, und Füllen gleich
In den Zaum knirscht er, und weithin hören
Das Treiben die Lüfte,
Ist der zufrieden;
Es brauchet aber Stiche der Fels
Und Furchen die Erd',
Unwirtbar wär es, ohne Weile;
Was aber jener tuet der Strom,
Weiß niemand.

Indivisíveis no espírito o sol e a lua,
O dia e a noite também, e continue a fluir e
Os Celestiais entre si calor sintam.
Por essa razão, constituem aqueles também
A alegria do Altíssimo. De outro modo, como
Viria ele a descer até nós? E verdes como a Terra
São os filhos do Céu. Mas parece-me
Excessivamente paciente, não
Livre e quase trocista. Pois quando

O dia amanhece
Na juventude, quando começa
A crescer, há um outro que
Ao alto ergue o esplendor e, como os potros
No freio, range os dentes ouvindo ao longe
Os ares o seu agir,
E está satisfeito.
Os rochedos porém precisam de fendas
E a Terra de sulcos,
Senão inóspita seria, sem descanso;
Porém o que aquele grande rio opera
Ninguém sabe.

MNEMOSYNE

Reif sind, in Feuer getaucht, gekochet
Die Frücht und auf der Erde geprüfet und ein Gesetz ist
Daß alles hineingeht, Schlangen gleich,
Prophetisch, träumend auf
Den Hügeln des Himmels. Und vieles
Wie auf den Schultern eine
Last von Scheitern ist
Zu behalten. Aber bös sind
Die Pfade. Nämlich unrecht,
Wie Rosse, gehn die gefangenen
Element' und alten
Gesetze der Erd. Und immer
Ins Ungebundene gehet eine Sehnsucht. Vieles aber ist
Zu behalten. Und Not die Treue.
Vorwärts aber und rückwärts wollen wir
Nicht sehn. Uns wiegen lassen, wie
Auf schwankem Kahne der See.

Wie aber liebes? Sonnenschein
Am Boden sehen wir und trockenen Staub
Und heimatlich die Schatten der Wälder und es blühet
An Dächern der Rauch, bei alter Krone
Der Türme, friedsam; gut sind nämlich
Hat gegenredend die Seele

MNEMÓSINA

Maduros estão os frutos, mergulhados no fogo, fermentados
E na Terra postos à prova, e vigora uma lei
Segundo a qual tudo no interior desaparece, como serpentes,
Profeticamente, envolto em sonhos, sobre
As colinas do Céu. E muitas coisas
É preciso manter, como sobre
Os ombros o peso
Da lenha. Mas os atalhos são
Adversos. Pois dissociados,
Como cavalos, avançam os unidos
Elementos e as antigas
Leis da Terra. E há uma ânsia
Que sempre impele para o desregramento. Porém muito
É preciso manter. E a fidelidade urge.
Porém nem para a frente nem para trás queremos
Olhar. Deixarmo-nos embalar, como
O barco que no mar baloiça.

E as coisas do amor? O que vemos é
A luz do sol projectada no solo e o seco pó
E na terra natal as sombras das florestas e nos telhados
Floresce o fumo pacificamente
Na antiga coroa das torres; pois são bons
Os sinais do dia, mesmo que algum

Ein Himmlisches verwundet, die Tageszeichen.
Denn Schnee, wie Maienblumen
Das Edelmütige, wo
Es seie, bedeutend, glänzet auf
Der grünen Wiese
Der Alpen, hälftig, da, vom Kreuze redend, das
Gesetzt ist unterwegs einmal
Gestorbenen, auf hoher Straß
Ein Wandersmann geht zornig,
Fern ahnend mit
Dem andern, aber was ist dies?

Am Feigenbaum ist mein
Achilles mir gestorben,
Und Ajax liegt
An den Grotten der See,
An Bächen, benachbart dem Skamandros.
An Schläfen Sausen einst, nach
Der unbewegten Salamis steter
Gewohnheit, in der Fremd', ist groß
Ajax gestorben
Patroklos aber in des Königes Harnisch. Und es starben
Noch andere viel. Am Kithäron aber lag
Elevtherä, der Mnemosyne Stadt. Der auch als
Ablegte den Mantel Gott, das abendliche nachher löste
Die Locken. Himmlische nämlich sind
Unwillig, wenn einer nicht die Seele schonend sich
Zusammengenommen, aber er muß doch; dem
Gleich fehlet die Trauer.

Celestial tenha ferido a alma, contradizendo-a.
Pois a neve, como os lírios do vale,
Simbolizando a nobreza de espírito onde
Quer que ela esteja, brilha no
Verde prado dos Alpes,
Já quase derretida, quando, falando da Cruz, erguida
Outrora nos caminhos em memória
Dos que morreram, passa
Pela estrada alta um caminhante irado,
Pressentindo o já longínquo, junto
A outro, e o que será?

Junto à figueira morreu
O meu Aquiles,
E Ajax jaz
Junto às grutas do mar,
Junto a ribeiros próximos do Escamandro.
Outrora, segundo o costume inalterado
Da impassível Salamina,
No estrangeiro morreu o grande
Ajax de um silvo nas têmporas,
Pátroclo porém em arnês de rei. E muitos outros
Morreram ainda. Junto ao Citéron porém ficava
Elvetera, a cidade de Mnemósina. À qual também depois,
Quando Deus depôs o manto, o poente soltou
Os anéis do cabelo. Os Celestiais costumam ficar
Indignados, quando alguém, poupando a alma,
Se não contém, ele, porém, tem de fazê-lo; e também
A esse atinge o luto.

# PROJECTOS DE HINOS

AN DIE MADONNA

Viel hab' ich dein
Und deines Sohnes wegen
Gelitten, o Madonna,
Seit ich gehöret von ihm
In süßer Jugend;
Denn nicht der Seher allein,
Es stehen unter einem Schicksal
Die Dienenden auch. Denn weil ich

Und manchen Gesang, den ich
Dem höchsten zu singen, dem Vater
Gesonnen war, den hat
Mir weggezehret die Schwermut.

Doch Himmlische, doch will ich
Dich feiern und nicht soll einer
Der Rede Schönheit mir
Die heimatliche, vorwerfen,
Dieweil ich allein
Zum Felde gehe, wo wild
Die Lilie wächst, furchtlos,
Zum unzugänglichen,
Uralten Gewölbe
Des Waldes,
    das Abendland,

À MADONNA

Por tua causa
E por causa do teu Filho
Muito tenho sofrido, ó Madonna,
Desde que, na minha doce juventude,
Dele ouvi falar;
Pois não apenas o Vidente,
Também os servidores
Estão submetidos a um destino. Pois uma vez que eu

E muito canto, que eu pensava
Cantar ao Altíssimo,
Ao Pai, fez com que
A melancolia me devorasse.

Porém, ó Celestial, porém quero
Celebrar-te e ninguém deverá
Acusar-me da beleza da linguagem
Da terra natal,
Pois sozinho vou
Para o campo, onde o lírio
Nasce espontaneamente, sem temor,
Para a inacessível,
Antiquíssima abóbada
Da floresta,
    o Ocidente,

                und gewaltet über
Den Menschen hat, statt anderer Gottheit sie
Die allvergessende Liebe.

   Denn damals sollt es beginnen
Als
Geboren dir im Schoße
Der göttliche Knabe und um ihn
Der Freundin Sohn, Johannes gennant
Vom stummen Vater, der kühne
Dem war gegeben
Der Zunge Gewalt,
Zu deuten

Und die Furcht der Völker und
Die Donner und
Die stürzenden Wasser des Herrn.

Denn gut sind Satzungen, aber
Wie Drachenzähne, schneiden sie
Und töten das Leben, wenn im Zorne sie schärft
Ein Geringer oder ein König.
Gleichmut ist aber gegeben
Den Liebsten Gottes. So dann starben jene.
Die Beiden,   so auch sahst
Du göttlichtrauernd in der starken Seele sie sterben.
Und wohnst deswegen

        e exerceu o seu domínio sobre
Os homens, em vez de outra divindade, ele,
O amor que tudo envolve em esquecimento.

      Pois naquele tempo deveria começar
Quando
O Menino divino,
Nascido do teu ventre, e, junto dele,
O filho da amiga, chamado João
Pelo pai mudo, o audaz
A quem foi dado
O poder da linguagem
Para interpretar

E o temor dos povos e
Os trovões e
As águas do Senhor precipitando-se.

Pois boas são as leis, mas
Como dentes de dragão dilaceram
E matam a vida, quando em fúria as torna rigorosas
Um subalterno ou um rei.
Mas a equanimidade é, porém, reservada
Aos que Deus mais ama. Esses só depois morreram.
A ambos   também viste
Tu com tristeza divina na alma forte morrer.
Por isso moras

                              und wenn in heiliger Nacht
Der Zukunft einer gedenkt und Sorge für
Die sorglosschlafenden trägt
Die frischaufblühenden Kinder
Kömmst lächelnd du, und fragst, was er, wo du
Die Königin seiest, befürchte.

Denn nimmer vermagst du es
Die keimenden Tage zu neiden,
Denn lieb ist dirs, von je,
Wenn größer die Söhne sind,
Denn ihre Mutter. Und nimmer gefällt es dir
Wenn rückwärtsblickend
Ein Älteres spottet des Jüngern.
Wer denkt der teuern Väter
Nicht gern und erzählet
Von ihren Taten,

                    wenn aber Verwegnes geschah,
Und Undankbare haben
Das Ärgernis   gegeben
Zu gerne blickt
Dann   zum
Und tatenscheu
Unendliche Reue und es haßt das Alte die Kinder.

Darum beschütze
Du Himmlische sie
Die jungen Pflanzen und wenn

     e quando em noite santa
Alguém pensa no futuro e se enche de cuidados por
Aqueles que dormem sem cuidados,
As crianças que em frescura desabrocham,
Tu apareces sorrindo e perguntas o que teme ele,
Sendo tu Rainha.

Pois tu nunca poderias
Invejar os dias que germinam,
Pois desde o princípio preferes
Que os filhos sejam maiores
Do que a sua própria Mãe. E nunca te agradou
Que, ao olhar para trás,
O mais velho troce do mais novo.
Quem não gosta de pensar
Nos pais amados e de contar
O que fizeram,

     mas quando houve temeridades
E os ingratos deram
Escândalo,
Prefere olhar
Então para
E hesitante no agir
Infinito arrependimento e o que é velho detesta as crianças.

Por isso, ó Celestial,
Protege-as,
Essas jovens plantas, e quando

Der Nord kömmt oder giftiger Tau weht oder
Zu lange dauert die Dürre
Und wenn sie üppigblühend
Versinken unter der Sense
Der allzuscharfen, gib erneuertes Wachstum.
Und daß nur niemals nicht
Vielfältig, in schwachem Gezweige
Die Kraft mir vielversuchend
Zerstreue das frische Geschlecht, stark aber sei
Zu wählen aus Vielem das beste.

Nichts ists, das Böse. Das soll
Wie der Adler den Raub
Mir Eines begreifen.
Die Andern dabei. Damit sie nicht
Die Amme, die
Den Tag gebieret
Verwirren, falsch anklebend
Der Heimat und der Schwere spottend
Der Mutter ewig sitzen
Im Schoße. Denn groß ist
Von dem sie erben den Reichtum.
Der
Vor allem, daß man schone
Der Wildnis göttlichgebaut
Im reinen Gesetze, woher
Es haben die Kinder
Des Gotts, lustwandelnd unter
Den Felsen und Heiden purpurn blühn

O vento Norte vier ou soprar orvalho venenoso ou
Por demasiado tempo durar a secura
E quando elas desabrochando em abundância
Sucumbirem à foice
De afiado gume, propicia renovado crescimento.
E que nunca
A força múltipla nos tenros ramos
Me dissipe, pondo-a à prova,
A fresca geração, mas que seja forte
Para escolher de entre o muito, o melhor.

O mal não tem ser. Isto terá
De se apreender
Como a águia à presa.
Os outros também. Para que não
Confundam a ama
Que dá à luz o dia,
Falsamente aderindo
À Pátria e troçando do peso
Fiquem eternamente
Sentados no regaço
Da Mãe. Pois grande é aquele
Cuja riqueza lhes coube em herança.
O qual
Principalmente que se poupe
A natureza pura, divinamente erguida
Segundo íntegra lei, que
Habita nos filhos
de Deus que passeiam sob
Rochas e os prados florescem em cor de púrpura

Und dunkle Quellen
Dir, o Madonna und
Dem Sohne, aber den anderen auch
Damit nicht, als von Knechten,
Mit Gewalt das ihre nehmen
Die Götter.

An den Grenzen aber, wo stehet
Der Knochenberg, so nennet man ihn
Heut, aber in alter Sprache heißet
Er Ossa, Teutoburg ist
Daselbst auch und voll geistigen Wassers
Umher das Land, da
Die Himmlischen all
Sich Tempel

    Ein Handwerksmann.

Uns aber die wir
Daß

Und zu sehr zu fürchten die Furcht nicht!
Denn du nicht, holde

        aber es gibt
Ein finster Geschlecht, das weder einen Halbgott
Gern hört, oder wenn mit Menschen ein Himmlisches oder
In Wogen erscheint, gestaltlos, oder das Angesicht
Des reinen ehrt, des nahen

E as fontes obscuras
Para ti, ó Madonna, e
Para o teu Filho, mas também para os outros,
Para que não, como a servos,
Com violência vos arrebatem os deuses
O que é deles.

Mas nos limites, onde se ergue
O monte Knochenberg, como lhe chamam
Hoje, porém em língua arcaica Ossa
Chamado, ficando Teutoburg
Também ali e cheia de água espiritual
A Terra em redor, pois
Todos os Celestiais
Templos para si

    Um operário

Mas a nós
Que

E não temer em excesso o temor!
Pois tu não, ó amável

                        mas há
Uma geração perversa, que nem gosta de ouvir
Um semideus, nem quando um Celestial aparece
Entre os homens ou nas ondas, sem contorno, nem venera
O rosto sem mácula do Deus

Allgegenwärtigen Gottes.
Doch wenn unheilige schon
       In Menge
             und frech

Was kümmern sie dich
O Gesang den Reinen, ich zwar
Ich sterbe, doch du
Gehest andere Bahn, umsonst
Mag dich ein Neidisches hindern.

Wenn dann in kommender Zeit
Du einem Guten begegnest
So grüß ihn, und er denkt,
Wie unsere Tage wohl
Voll Glücks, voll Leidens gewesen.
Von einem gehet zum andern

Noch Eins ist aber
Zu sagen. Denn es wäre
Mir fast zu plötzlich
Das Glück gekommen,
Das Einsame, daß ich unverständig
Im Eigentum
Mich an die Schatten gewandt,
Denn weil du gabst
Den Sterblichen
Versuchend Göttergestalt,
Wofür ein Wort? so meint' ich, denn es hasset die Rede, wer

Próximo e omnipresente.
Porém quando os ímpios já
        formando uma multidão
                e insolentemente

Que te importam eles,
Ó Canto imaculado, eu próprio
Hei-de morrer mas tu
Segues outra trajectória e em vão
Te impedirá algum invejoso.

Depois, quando no tempo que há-de vir
Te encontrares com algum bondoso,
Saúda-o então e ele pensará
Como os nossos dias verdadeiramente
Decorreram repletos de felicidade e de dor.
Passa de um para o outro.

Mas resta ainda uma coisa
A dizer. Pois para mim
Quase demasiado subitamente
Chegou a felicidade
Solitária, de tal modo que
Tendo-a, insensatamente
Me virei para as sombras,
Pois uma vez que deste
Aos mortais
Uma Figura divina como modelo,
Para que servem as palavras? Foi assim que pensei, pois detesta a fala quem

Das Lebenslicht das herzernährende sparet.
Es deuteten vor Alters
Die Himmlischen sich, von selbst, wie sie
Die Kraft der Götter hinweggenommen.
Wir aber zwingen
Dem Unglück ab und hängen die Fahnen
Dem Siegsgott, dem befreienden auf, darum auch
Hast du Rätsel gesendet. Heilig sind sie
Die Glänzenden, wenn aber alltäglich
Die Himmlischen und gemein
Das Wunder scheinen will, wenn nämlich
Wie Raub Titanenfürsten die Gaben
Der Mutter greifen, hilft ein Höherer ihr.

Guarda a Luz da vida, alimento do coração.
Outrora os próprios Celestiais
Sabiam de que modo aqueles
Roubavam a força dos deuses.
Mas nós arrancamos
À infelicidade as bandeiras e içamo-las
Ao libertador Deus da vitória, por essa razão também
Nos enviaste enigmas. São sagrados
Aqueles que brilham, mas quando os Celestiais
Decidem tornar-se quotidianos e o milagre
Passar despercebido e quando
Os príncipes dos Titãs se apoderam, como de uma presa,
Das dádivas da Mãe, Outro mais alto vem em seu auxílio.

DIE TITANEN

Nicht ist es aber
Die Zeit. Noch sind sie
Unangebunden. Göttliches trifft unteilnehmende nicht.
Dann mögen sie rechnen
Mit Delphi. Indessen, gib in Feierstunden
Und daß ich ruhen möge, der Toten
Zu denken. Viele sind gestorben
Feldherrn in alter Zeit
Und schöne Frauen und Dichter
Und in neuer
Der Männer viel
Ich aber bin allein.

        und in den Ozean schiffend
Die duftenden Inseln fragen
Wohin sie sind.

Denn manches von ihnen ist
In treuen Schriften überblieben
Und manches in Sagen der Zeit.
Viel offenbaret der Gott.
Denn lang schon wirken
Die Wolken hinab
Und es wurzelt vielesbereitend heilige Wildnis.

OS TITÃS

Não chegou, no entanto,
A hora. Ainda continuam
A ser livres. O que é divino não atinge seres alheados.
Contem então
Com Delfos. Entretanto concede-me em horas festivas
Que eu possa repousar e pensar
Nos mortos. Em tempos antigos
Morreram muitos: generais
E mulheres belas e poetas;
E recentemente
Muitos homens,
Eu, porém, estou só.

       e navegando pelo Oceano
Às aromáticas ilhas perguntar
Para onde eles foram.

Pois muitas coisas acerca deles nos
Ficaram em fiéis manuscritos
E muitas outras nas lendas da época.
Muitas coisas revela o deus.
Pois já há muito se inclinam
As nuvens para baixo
E uma natureza pura e sagrada ganha raízes preparando muita coisa.

Heiß ist der Reichtum. Denn es fehlet
An Gesang, der löset den Geist.
Verzehren würd' er
Und wäre gegen sich selbst
Denn nimmer duldet
Die Gefangenschaft das himmlische Feuer.

Es erfreuet aber
Das Gastmahl oder wenn am Feste
Das Auge glänzet und von Perlen
Der Jungfrau Hals.
Auch Kriegesspiel

                        und durch die Gänge
Der Gärten schmettert
Das Gedächtnis der Schlacht und besänftiget
An schlanker Brust
Die tönenden Wehre ruhn
Von Heldenvätern den Kindern.
Mich aber umsummet
Die Bien und wo der Ackersmann
Die Furchen machet singen gegen
Dem Lichte die Vögel. Manche helfen
Dem Himmel. Diese siehet
Der Dichter. Gut ist es, an andere sich
Zu halten. Denn keiner trägt das Leben allein.

Wenn aber ist entzündet
Der geschäftige Tag

Quente é a riqueza. Falta
O cântico que liberta o espírito.
Ele seria devorador
E a si próprio se oporia,
Pois jamais admite
O cativeiro o fogo celeste.

Porém o banquete
Causa alegria ou quando na festa
O olhar brilha e de pérolas
O colo da virgem.
Também jogos de guerra

                e pelas áleas
Dos jardins ressoa
A memória da batalha e apazigua-se
No peito esbelto
As armas retumbantes dos pais heróicos
Descansam ao passarem para seus filhos.
Mas à minha volta zumbe
A abelha e onde o lavrador
Abre os sulcos cantam as aves
Viradas para a luz. Muitos ajudam
o Céu. E o poeta
Vê-os. É bom apoiar-se
Em outros. Pois ninguém a vida suporta sozinho.

Porém quando se inflama
O dia laborioso

Und an der Kette, die
Den Blitz ableitet
Von der Stunde des Aufgangs
Himmlischer Tau glänzt,
Muß unter Sterblichen auch
Das Hohe sich fühlen.
Drum bauen sie Häuser
Und die Werkstatt gehet
Und über Strömen das Schiff.
Und es bieten tauschend die Menschen
Die Händ' einander, sinnig ist es
Auf Erden und es sind nicht umsonst
Die Augen an den Boden geheftet.

Ihn fühlet aber
Auch andere Art.
Denn unter dem Maße
Des Rohen brauchet es auch
Damit das Reine sich kenne.
Wenn aber

Und in die Tiefe greifet
Daß es lebendig werde
Der Allerschütterer, meinen die
Es komme der Himmlische
Zu Toten herab und gewaltig dämmerts
Im ungebundenen Abgrund
Im allesmerkenden auf.
Nicht möcht ich aber sagen
Es werden die Himmlischen schwach

E na corrente de ferro, que
Desvia o raio,
Brilha o orvalho celeste
Da hora do sol nascente,
O Alto tem de sentir-se
Também entre mortais.
Por isso constroem casas
E a oficina trabalha
E o navio navega os rios.
E os homens dão as mãos uns aos outros
Em permuta, há sentido
Na Terra e não é em vão
Que dos olhos o solo se apodera.

Mas há também
Outro modo de o sentir.
Pois segundo a nossa medida
Também o que é rude é necessário
Para que o que é puro se conheça.
Porém quando

E as profundezas alcança,
Para que ganhem vida,
Aquele que tudo abala, dizem
Que o Celestial desce
À morada dos mortos e violentamente desponta a luz
No abismo sem fim.
Que de tudo se apercebe.
Mas não gostaria de dizer
Que os Celestiais se tornam fracos

Wenn schon es aufgärt.
Wenn aber
           und es gehet

An die Scheitel dem Vater, daß

           und der Vogel des Himmels ihm
Es anzeigt. Wunderbar
Im Zorne kommet er drauf.

Quando já tudo fermenta.
Porém quando
        e chega

Até aos cumes, ao Pai, que

        e a ave do Céu
Lho anuncia. Maravilhosamente
Em sua ira a seguir se aproxima.

EINST HAB ICH DIE MUSE GEFRAGT...

Einst hab ich die Muse gefragt, und sie
Antwortete mir
Am Ende wirst du es finden.
Kein Sterblicher kann es fassen.
Vom Höchsten will ich schweigen.
Verbotene Frucht, wie der Lorbeer, aber ist
Am meisten das Vaterland. Die aber kost'
Ein jeder zuletzt,

Viel täuschet Anfang
Und Ende.
Das letzte aber ist
Das Himmelszeichen, das reißt
        und   Menschen
Hinweg. Wohl hat Herkules das
Gefürchtet. Aber da wir träge
Geboren sind, bedarf es des Falken, dem
Befolgt' ein Reuter, wenn
Er jaget, den Flug.

Im   wenn
Und der Fürst

OUTRORA À MUSA PERGUNTEI...

Outrora à musa perguntei, e ela
Respondeu-me:
No fim encontrá-lo-ás.
Nenhum mortal pode abarcá-lo.
Quero guardar silêncio sobre o Altíssimo.
Porém a Pátria é sobretudo
Fruto proibido, tal como o loureiro. Mas que por fim
Cada um venha a dele provar,

Muito engana o princípio
E o fim.
Porém o último é
O sinal do Céu, que arranca
      e   homens
Para longe. Disso teve medo
Hércules. Mas por termos nascido
Indolentes, é necessário o falcão, cujo voo
Era seguido por um cavaleiro,
Ao caçar.

No   quando
E o príncipe

                und Feuer und Rauchdampf blüht
Auf dürrem Rasen
Doch ungemischet darunter
Aus guter Brust, das Labsal
Der Schlacht, die Stimme quillet des Fürsten.
Gefäße machet ein Künstler.
Und es kaufet

            wenn es aber
Zum Urteil kommt
Und keusch hat es die Lippe
Von einem Halbgott berührt

Und schenket das Liebste
Den Unfruchtbaren
Denn nimmer, von nun an
Taugt zum Gebrauche das Heilge.

                    e fogo e vapor de fumo floresce
Sobre seco relvado,
E no meio, sem mistura, o bálsamo
Da batalha, a voz que brota do príncipe.

Vasos são a obra de um artista.
E compra

                    mas quando
Chega a altura do julgamento
E tocou castamente o lábio
De um semideus

E oferece o que mais ama
Aos estéreis
Pois a partir de agora deixa
O sagrado de ter utilidade.

WENN ABER DIE HIMMLISCHEN...

Wenn aber die Himmlischen haben
Gebaut, still ist es
Auf Erden, und wohlgestalt stehn
Die betroffenen Berge. Gezeichnet
Sind ihre Stirnen. Denn es traf
Sie, da den Donnerer hielt
Unzärtlich die gerade Tochter
Des Gottes bebender Strahl
Und wohl duftet gelöscht
Von oben der Aufruhr.
Wo inne stehet, beruhiget, da
Und dort,   das Feuer.
Denn Freude schüttet
Der Donnerer aus und hätte fast
Des Himmels vergessen
Damals im Zorne, hätt ihn nicht
Das Weise gewarnet.
Jetzt aber blüht es
Am armen Ort.
Und wunderbar groß will
Es stehen.
Gebirg hänget   See,
Warme   Tiefe   es kühlen aber die Lüfte

MAS QUANDO OS CELESTIAIS...

Mas quando os Celestiais tiverem
Construído, faz-se silêncio
Na Terra e no seu contorno erguem-se
Os montes visados. Assinaladas
Estão as suas frontes. Pois foram
Atingidas pelo raio trémulo do deus
Quando a filha direita agarrava
Sem ternura o Troante
E a revolta extinta no Alto
Exala o seu perfume.
Onde contido está, apaziguado, aqui
E ali,   o fogo.
Pois o Troante sacode
Alegria e outrora em fúria
Quase esqueceria o Céu
Se a sabedoria não o advertisse.
Mas agora floresce
No lugar pobre.
E quer permanecer
Maravilhosamente grande.
A montanha junto   lago,
profundidade   quente   mas refrescam os ares

Inseln und Halbinseln,
Grotten zu beten,

Ein glänzender Schild
Und schnell, wie Rosen,

                    oder es schafft
Auch andere Art,
Es sprosset aber

                  viel üppig neidiges
Unkraut, das blendet, schneller schießet
Es auf, das ungelenke, denn es scherzet
Der Schöpferische, sie aber
Verstehen es nicht. Zu zornig greift
Es und wächst. Und dem Brande gleich,
Der Häuser verzehret, schlägt
Empor, achtlos, und schonet
Den Raum nicht, und die Pfade bedecket,
Weitgärend, ein dampfend Gewölk
                die unbeholfene Wildnis.
So will es göttlich scheinen. Aber
Furchtbar ungastlich windet
Sich durch den Garten die Irre,
Die augenlose, da den Ausgang
Mit reinen Händen kaum
Erfindet ein Mensch. Der gehet, gesandt,
Und suchet, dem Tier gleich, das
Notwendige. Zwar mit Armen,

Ilhas e penínsulas,
Grutas a rezar

Um escudo resplandecente
E rápido, como rosas,

                ou cria
Também outra forma,
Mas brota

                        muita erva daninha
Abundante, invejosa, que encandeia, ainda mais rápido
Desabrocha, a desajeitada, pois o que é criador
Graceja, mas eles
Não o entendem. Em excessiva fúria avança
E cresce. E tal como o incêndio
Que devora casas ergue-se
Ao alto, desatento, e não poupa
O espaço, e cobre os carreiros,
Fermentando até longe, nuvens de vapor
                  a indefesa selva.
Assim quer parecer divino. Mas,
Terrivelmente inóspita, enrola-se,
Atravessando o jardim, a louca,
A sem olhos, pois a saída
Mal pode ser descoberta
Por um homem de mãos puras. Ele avança, impelido,
E procura, ao animal semelhante, o
Necessário. Na verdade com os braços,

Der Ahnung voll, mag einer treffen
Das Ziel. Wo nämlich
Die Himmlischen eines Zaunes oder Merkmals,
Das ihren Weg
Anzeige, oder eines Bades
Bedürfen, reget es wie Feuer
In der Brust der Männer sich.

Noch aber hat andre
Bei sich der Vater.
Denn über den Alpen
Weil an den Adler
Sich halten müssen, damit sie nicht
Mit eigenem Sinne zornig deuten
Die Dichter, wohnen über dem Fluge
Des Vogels, um den Thron
Des Gottes der Freude
Und decken den Abgrund
Ihm zu, die gelbem Feuer gleich, in reißender Zeit
Sind über Stirnen der Männer,
Die Prophetischen, denen möchten
Es neiden, weil die Furcht
Sie lieben, Schatten der Hölle,

Sie aber trieb,
Ein rein Schicksal
Eröffnend   von
Der Erde heiligen Tischen
Der Reiniger Herkules,

Cheio de pressentimentos, pode algum atingir
O objectivo. Pois onde quer que
Os Celestiais precisem
De uma sebe ou de um sinal,
Que mostre o caminho para eles,
Ou de termos, há uma agitação semelhante a fogo
No peito dos homens.

Mas o Pai ainda
Tem outros consigo.
Pois sobre os Alpes,
Por se terem de orientar
Pela águia, para não
Interpretarem livremente e com fúria
Os poetas vivem acima do voo
Da ave, à volta do trono
Do Deus da alegria
E cobrem o abismo
Até Ele, aqueles que, semelhantes ao fogo pálido,
Durante o tempo tempestuoso, ficam acima das frontes dos homens,
Aqueles proféticos a quem gostariam
De invejar, por amarem
O temor, sombras do Inferno,

Mas a eles arrastou
Um puro destino
Inaugurando   da
Terra mesas sagradas
O purificador Hércules,

Der bleibet immer lauter, jetzt noch,
Mit dem Herrscher, und othembringend steigen
Die Dioskuren ab und auf,
An unzugänglichen Treppen, wenn von himmlischer Burg
Die Berge fernhinziehen
Bei Nacht, und hin
Die Zeiten
Pythagoras

Im Gedächtnis aber lebet Philoktetes,

Die helfen dem Vater.
Denn ruhen mögen sie. Wenn aber
Sie reizet unnütz Treiben
Der Erd' und es nehmen
Den Himmlischen
          die Sinne, brennend kommen
Sie dann,

Die othemlosen —

Denn es hasset
Der sinnende Gott
Unzeitiges Wachstum.

Que fica cada vez mais puro, agora ainda,
Junto ao Dominador, e, trazendo o sopro, os Dioscuros
Sobem e descem
Sobre escadas inacessíveis, quando do castelo celeste
Os montes se deslocam na distância
Quando é noite, e os tempos
Passam
Pitágoras

Mas na memória vive Filocteto,

Eles ajudam o Pai.
Pois gostam de descansar. Porém quando
Os irrita a actividade inútil
Da Terra e aos Celestiais
Retiram
        os sentidos, então aproximam-se
Ardentes,

Os sem sopro —

Pois o Deus absorto em pensamento
Detesta
Crescimento a destempo.

MEINEST DU ES SOLLE GEHEN...

                                        meinest du
Es solle gehen,
Wie damals? Nämlich sie wollten stiften
Ein Reich der Kunst. Dabei ward aber
Das Vaterländische von ihnen
Versäumet und erbärmlich ging
Das Griechenland, das schönste, zu Grunde.
Wohl hat es andere
Bewandtnis jetzt.
Es sollten nämlich die Frommen

                              und alle Tage wäre
Das Fest.
                      Also darf nicht
Ein ehrlich Meister

                                und wie mit Diamanten
In die Fenster machte, des Müßiggangs wegen
Mit meinen Fingern, hindert

                        so hat mir
das Kloster etwas genützet,

ACHAS QUE DEVERIA ACONTECER...

                        achas
Que deveria acontecer
Como outrora? Pois eles queriam fundar
Um reino da arte. Porém, nesse intuito,
Negligenciaram o que era próprio
Da sua Pátria e a Grécia mais bela
Soçobrou deploravelmente.
É verdade que agora
O caso é diferente.
Caberia, pois, aos piedosos

                      e todos os dias seria
A festa.
                           Portanto não deve
Um mestre honrado

                           e como com diamantes
Nas janelas fazia, devido ao ócio
Com os meus dedos, impede

                            assim alguma coisa
Me aproveitou o convento,

IHR SICHERGEBAUETEN ALPEN...

Ihr sichergebaueten Alpen!
Die

Und ihr sanftblickenden Berge,
Wo über buschigem Abhang
Der Schwarzwald saust,
Und Wohlgerüche die Locke
Der Tannen herabgießt,
Und der Neckar

      und die Donau!
Im Sommer liebend Fieber
Umherwehet der Garten
Und Linden des Dorfs, und wo
Die Pappelweide blühet
Und der Seidenbaum
Auf heiliger Weide,

Und

Ihr guten Städte!
Nicht ungestalt, mit dem Feinde
Gemischet unmächtig

Ó ALPES SOLIDAMENTE EDIFICADOS...

Ó Alpes solidamente edificados!
Os

E vós montes de olhar sereno,
Em cuja encosta cheia de arbustos
A Floresta Negra assobia,
E os cabelos dos abetos
Derramam perfume,
E o Nécar

e o Danúbio!
No Verão, amorosamente, o jardim
E as tílias da aldeia sopram à sua volta
Febre, e onde
O prado do choupal floresce
E a árvore da seda
Em prado sagrado,

E

Ó cidades amáveis!
Não sem forma, com o inimigo
Misturadas, sem poder

Was
Auf einmal gehet es weg
Und siehet den Tod nicht.
Wann aber

Und Stutgard, wo ich
Ein Augenblicklicher begraben
Liegen dürfte, dort,
Wo sich die Straße
Bieget, und
      um die Weinsteig,
Und der Stadt Klang wieder
Sich findet drunten auf ebenem Grün
Stilltönend unter den Apfelbäumen

Des Tübingens   wo
und Blitze fallen
Am hellen Tage
Und Römisches tönend ausbeuget der Spitzberg
Und Wohlgeruch

Und Tills Tal, das

O que
De repente desaparece
E não vê a morte.
Mas quando

E Estugarda, onde eu,
Um momentâneo, pude
Ficar enterrado, no lugar
Onde a rua
Vira, e
        perto da rua Weinsteig,
E o som da cidade se volta
A encontrar lá em baixo, sobre verde plano,
Suavizando-se debaixo das macieiras

De Tubinga   onde
e os raios caem
Em pleno dia
E fazendo ouvir sons romanos se desvia
O monte Spitzberg e perfume

E o vale de Till, que

DAS NÄCHSTE BESTE
Dritter Ansatz

     offen die Fenster des Himmels
Und freigelassen der Nachtgeist
Der himmelstürmende, der hat unser Land
Beschwätzet, mit Sprachen viel, unbändigen, und
Den Schutt gewälzet
Bis diese Stunde.
Doch kommt das, was ich will,
Wenn
Drum wie die Staren
Mit Freudengeschrei, wenn auf Gasgogne, Orten, wo viel Gärten sind,
Wenn im Olivenland, und
In liebenswürdiger Fremde,
Springbrunnen an grasbewachsnen Wegen
Die Bäum unwissend in der Wüste
Die Sonne sticht,
Und das Herz der Erde tuet
Sich auf, wo um
Den Hügel von Eichen
Aus brennendem Lande
Die Ströme und wo
Des Sonntags unter Tänzen
Gastfreundlich die Schwellen sind,
An blütenbekränzten Straßen, stillegehend.
Sie spüren nämlich die Heimat,

O BEM MAIS PRÓXIMO
Terceira Versão

      abertas as janelas do Céu
E posto em liberdade o espírito da noite
Que ao Céu faz violência, que a nossa terra
Seduziu com muitas línguas indómitas e
Revolveu o entulho
Até à presente hora.
Porém o que pretendo vem,
Quando
Por isso como os estorninhos
Em alegre chilrear, quando na Gasconha lugares onde há muitos jardins,
Quando na terra das oliveiras e
Na amável terra estranha,
Repuxos junto a caminhos cobertos de erva
As árvores inocentes no deserto
O sol queima,
E o coração da Terra
Abre-se, onde à volta
Da colina de carvalhos
De terra ardente
Os rios e onde
Ao domingo, entre danças,
As soleiras das portas são hospitaleiras,
Junto a estradas coroadas de flores, andando calmamente.
Pois eles sentem a terra natal,

Wenn grad   aus falbem Stein,
Die Wasser silbern rieseln
Und heilig Grün sich zeigt
Auf feuchter Wiese der Charente,

Die klugen Sinne pflegend.   wenn aber
Die Luft sich bahnt,
Und ihnen machet wacker
Scharfwehend die Augen der Nordost, fliegen sie auf,
Und Eck um Ecke
Das Liebere gewahrend
Denn immer halten die sich genau an das Nächste,
Sehn sie die heiligen Wälder und die Flamme, blühendduftend
Des Wachstums und die Wolken des Gesanges fern und atmen Othem
Der Gesänge. Menschlich ist
Das Erkenntnis. Aber die Himmlischen
Auch haben solches mit sich, und des Morgens beobachten
Die Stunden und des Abends die Vögel. Himmlischen auch
Gehöret also solches. Wohlan nun. Sonst in Zeiten
Des Geheimnisses hätt ich, als von Natur, gesagt,
Sie kommen, in Deutschland. Jetzt aber, weil, wie die See
Die Erd ist und die Länder, Mannern gleich, die nicht
Vorüber gehen können, einander, untereinander
Sich schelten fast, so sag ich. Abendlich wohlgeschmiedet
Vom Oberlande biegt sich das Gebirg, wo auf hoher
            Wiese die Wälder sind wohl an
Der bairischen Ebne. Nämlich Gebirg
Geht weit und strecket, hinter Amberg sich und

Quando a   prumo da pedra amarela
As águas de prata brotam
E o sagrado verde aparece
No prado húmido do rio Charente,

Cuidando dos inteligentes cinco sentidos.   mas quando
O Ar se abre
E o sopro agreste do Nordeste
Lhes dá coragem, eles levantam voo,
E de canto a canto
Apercebendo-se do que lhes é mais caro
Pois sempre se atêm com rigor ao mais próximo,
Vêem as florestas sagradas e a chama que floresce perfumada
De tudo o que cresce e as nuvens do cântico longínquo e respiram o sopro
Dos cânticos. Humano é
O conhecimento. Mas os Celestiais
Também o possuem, e de manhã observam
As horas e ao anoitecer as aves. Tais coisas
Também pertencem aos Celestiais. Pois bem, agora. De outro modo em
                                                                tempos
De manter segredo eu teria dito, como se fosse sobre a natureza,
Eles vêm, para a Alemanha. Porém agora, por o mar
Ser a Terra e os países, tal como os homens, não
Poderem passar, quase se repreendem uns aos outros, entre si,
           Digo-o assim. Nocturnamente bem forjada
Do planalto se dobra a montanha, onde no alto prado, as florestas se
                                               encontram certamente
Na planície da Baviera. Pois a montanha
Alonga-se e estende-se atrás de Amberg e dos

Fränkischen Hügeln. Berühmt ist dieses. Umsonst nicht hat
Seitwärts gebogen Einer von Bergen der Jugend
Das Gebirg, und gerichtet das Gebirg
Heimatlich. Wildnis nämlich sind ihm die Alpen und
Das Gebirg, das teilet die Tale und die Länge lang
Geht über die Erd. Dort aber
Gehn mags nun. Fast, unrein, hatt sehn lassen und das Eingeweid
Der Erde.   Bei Ilion aber
War auch das Licht der Adler. Aber in der Mitte
Der Himmel der Gesänge. Neben aber
Am Ufer zornige Greise, der Entscheidung nämlich, die alle
Drei unser sind.

Montes da Francónia. O que é célebre. Não foi em vão
Que um dos Montes da juventude dobrou
A direcção da montanha para o lado, orientando a montanha
Para a Pátria. Pois para ele os Alpes e a montanha
São Natureza pura que divide os vales e passa
A toda a extensão sobre a Terra. Porém ali
Pode passar agora. Quase, impura, deixou ver e as entranhas
Da Terra. Mas em Tróia
Também estava a luz das águias. Mas no meio
O Céu dos cânticos. Porém ao lado
Anciãos irados junto à margem, decidindo concretamente que todos
Os três são nossos.

KOLOMB

Wünscht' ich der Helden einer zu sein
Und dürfte frei   es bekennen
So wär' es ein Seeheld.

                      und es ist not,
Den Himmel zu fragen.

Wenn du sie aber nennest
Anson und Gama

Gewaltig ist die Zahl
Gewaltiger aber sind sie selbst
Und machen stumm

                die Männer.
Dennoch

Und hin nach Genua will ich
Zu erfragen Kolombos Haus
Wo er

In süßer Jugend gewohnet.

                    meinest du

COLOMBO

Se eu desejasse ser herói
E livremente pudesse   confessá-lo
Preferiria ser herói do mar

                          e é preciso
Pedir ao Céu.

Mas quando nomeias
O Anson e o Gama

Admirável é o seu número
Mais admiráveis ainda eles mesmos
Tirando a fala

               aos homens.
Porém

E até Génova quero ir
Em busca da casa de Colombo
Onde ele

Viveu a doce juventude.

                    achas então

             So du
Mich aber fragest

So weit das Herz
Mir reichet, wird es gehen.

Ein Murren war es, ungedultig

Doch da hinaus, damit
Vom Platze
Wir kommen, also rief
Gewaltig richtend
Die Gesellen die Stimme des Meergotts,
Die reine, daran
Heroen erkennen, ob sie recht
Geraten oder nicht.

Sie sahn nun,

Es waren nämlich viele,
Der schönen Inseln,

                    damit
Mit Lissabon

Und Genua teilten;

           Mas se tu
Me perguntas

Até onde o meu coração
Pode chegar, partirá.

Pairava uma fúria impaciente

E para nos fazermos ao largo
Para sairmos
De onde estávamos, troou
A voz do deus do mar
Julgando com poder os marinheiros,
Aquela voz pura pela qual
Os heróis conhecem se o destino
Lhes é propício ou não.

Então eles viram,

Eram realmente muitas
As formosas ilhas

                  para poderem
Ser divididas entre Lisboa

E Génova;

Denn einsam kann
Von Himmlischen den Reichtum tragen
Nicht eins; wohl nämlich mag
Den Harnisch dehnen
           ein Halbgott, dem Höchsten aber
Ist fast zu wenig
Das Wirken   wo das Tagslicht scheinet,
Und der Mond,
      Darum auch

      so

Nämlich öfters, wenn
Den Himmlischen zu einsam
Es wird, daß sie
Allein zusammenhalten

          oder die Erde; denn allzurein ist
Entweder
      Dann aber

             die Spuren der alten Zucht,

Pois não é possível
Ser alguém a trazer sozinho
As riquezas dos Celestiais; é verdade que um semideus
Pode alargar o arnês,
    porém para o Altíssimo
É demasiado reduzida
A acção onde a luz do dia brilha,
E a lua,
  Por isso também

  assim

Pois muitas vezes, quando
Os Celestiais se sentem
Solitários em excesso, de modo a
Sozinhos terem de se manter

     ou a Terra; pois é demasiado puro
Ou
   E então

      as marcas da antiga educação,

VOM ABGRUND NÄMLICH...

Vom Abgrund nämlich haben
Wir angefangen und gegangen
Dem Leuen gleich, in Zweifel und Ärgernis,
Denn sinnlicher sind Menschen
In dem Brand
Der Wüste
Lichttrunken und der Tiergeist ruhet
Mit ihnen. Bald aber wird, wie ein Hund, umgehn
In der Hitze meine Stimme auf den Gassen der Gärten
In denen wohnen Menschen
In Frankreich
Der Schöpfer
Frankfurt aber, nach der Gestalt, die
Abdruck ist der Natur zu reden
Des Menschen nämlich, ist der Nabel
Dieser Erde, diese Zeit auch
Ist Zeit, und deutschen Schmelzes.
Ein wilder Hügel aber stehet über dem Abhang
Meiner Gärten. Kirschenbäume. Scharfer Othem aber wehet
Um die Löcher des Felses. Allda bin ich
Alles miteinander. Wunderbar
Aber über Quellen beuget schlank
Ein Nußbaum und   sich. Beere, wie Korall
Hängen an dem Strauche über Röhren von Holz,

POIS DO ABISMO...

Foi do abismo que começámos
E avançámos como o leão
Hesitantes e escandalizados,
Pois os homens são mais sensíveis
No incêndio
Do deserto
Ébrios de luz e o espírito animal sossega
Com eles. Mas em breve a minha voz vagueará
Como um cão, ao calor, pelas áleas dos jardins
Onde mora gente
Em França
A criadora
Frankfurt, porém, pela forma
Impressa pela mesma Natureza da fala
Do homem, é o umbigo
Desta Terra, também este tempo
É tempo, e do brilho alemão.
E uma colina selvagem ergue-se sobre a encosta
Dos meus jardins. Cerejeiras. Mas um hálito cortante sopra
À volta das covas de um rochedo. Em todo o lado estou
Junto a tudo. Maravilhosamente
E sobre fontes inclina-se e
Uma esguia nogueira. 　　　　Bagas, como coral,
Pendem do arbusto sobre canos de madeira,

Aus denen
Ursprünglich aus Korn, nun aber zu gestehen,
                  befestigter Gesang von Blumen als
Neue Bildung aus der Stadt, wo
Bis zu Schmerzen aber der Nase steigt
Zitronengeruch auf und das Öl, aus der Provence, und es haben diese
Dankbarkeit mir die Gasgognischen Lande
Gegeben. Gezähmet aber, noch zu sehen, und genährt hat mich
Die Rappierlust und des Festtages gebraten Fleisch
Der Tisch und braune Trauben, braune
                  und mich leset o
Ihr Blüten von Deutschland, o mein Herz wird
Untrügbarer Krystall an dem
Das Licht sich prüfet wenn   Deutschland

Dos quais
Primeiramente grãos, mas agora admitindo
                  canto consolidado de flores como
Nova formação da cidade, onde
Até doer ascende porém ao olfacto
O cheiro a limão e o azeite da Provença, e esta
Gratidão me deram
As terras da Gasconha. A serenidade, porém, ainda visível, e o alimento
Deram-me o gosto pelo florete e a carne assada do dia de festa
A mesa e as uvas castanhas, castanhas
                  e a mim colhe-me, ó
Flores da Alemanha, oh o meu coração torna-se
Cristal transparente no qual
A luz se examina quando a   Alemanha

DER VATIKAN...

                              der Vatikan,
Hier sind wir   in der Einsamkeit
Und drunten gehet der Bruder, ein Esel auch dem braunen Schleier nach
Wenn aber der Tag   , allbejahend von wegen des Spotts
Schicksale macht, denn aus Zorn der Natur —
Göttin, wie ein Ritter gesagt von Rom, in derlei
Palästen, gehet itzt viel Irrsal, und alle Schlüssel des Geheimnisses wissend
Fragt bös Gewissen
Und Julius Geist um derweil, welcher Kalender
Gemachet, und dort drüben, in Westfalen,
Mein ehrlich Meister.
Gott rein und mit Unterscheidung
Bewahren, das ist uns vertrauet,
Damit nicht, weil an diesem
Viel hängt, über der Büßung, über einem Fehler
Des Zeichens
Gotts Gericht entstehet.
Ach! kennet ihr den nicht mehr
Den Meister des Forsts, und den Jüngling in der Wüste, der von Honig
Und Heuschrecken sich nährt. Still Geists ists. Fraun
                    Oben wohl
Auf Monte   , wohl auch seitwärts,
Irr ich herabgekommen
Über Tyrol, Lombarda, Loretto, wo des Pilgrims Heimat

O VATICANO...

                                      o Vaticano,
Aqui   nos encontramos na solidão
E lá em baixo passa o irmão, um burro também atrás do véu castanho
Mas quando o dia   , tudo afirmando devido à troça
Provoca destinos, pois da fúria da Natureza —
Divina, como disse de Roma um cavaleiro, nos seus
Palácios há agora muita confusão, e sabendo todas as chaves do mistério
Interroga maliciosamente consciências
E o espírito de Júlio na altura o calendário
Estabeleceu, e lá em cima, na Vestefália,
O meu honrado Mestre.
Conservar Deus puro e distinto
É-nos familiar,
Para que não se dê
O Juízo de Deus, pois dele
Muita coisa depende, através da expiação, através de um erro
De sinal.
Ah! já não conheceis
O Mestre da floresta, e o discípulo do deserto, que se alimenta
De mel silvestre e gafanhotos. É um espírito sereno. Mulheres
                        Lá no alto, por certo
No Monte   , por certo também de lado
Descendo vagueio
Pelo Tirol, pela Lombardia, por Loreto, onde a terra do peregrino

                    auf dem Gotthard, gezäunt, nachlässig, unter Gletschern
Karg wohnt jener, wo der Vogel
Mit Eiderdünnen, eine Perle des Meers
Und der Adler den Akzent rufet, vor Gott, wo das
                    Feuer läuft der Menschen wegen
Des Wächters Horn tönt aber über den Garden
Der Kranich hält die Gestalt aufrecht
Die Majestätische, keusche, drüben
In Patmos, Morea, in der Pestluft.
Türkisch. und die Eule, wohlbekannt der Schriften
Spricht, heischern Fraun gleich in zerstörten Städten. Aber
Die erhalten den Sinn. Oft aber wie ein Brand
Entstehet Sprachverwirrung. Aber wie ein Schiff,
Das lieget im Hafen, des Abends, wenn die Glocke lautet
Des Kirchturms, und es nachhallt unten
Im Eingeweid des Tempels und der Mönch
Und Schäfer Abschied nehmet, vom Spaziergang
Und Apollon, ebenfalls
Aus Roma, derlei Palästen, sagt
Ade! unreinlich bitter, darum!
Dann kommt das Brautlied des Himmels.
Vollendruhe. Goldrot. Und die Rippe tönet
Des sandigen Erdballs in Gottes Werk
Ausdrücklicher Bauart, grüner Nacht
Und Geist, der Säulenordnung, wirklich
Ganzem Verhältnis, samt der Mitt,
Und glänzenden

                    no Gotthard, com uma cerca, descuidada, sob glaciares
Parcamente vive aquele, onde a ave
Com penugem apregoa uma pérola do mar
E a águia o acento, perante Deus, onde o
                    fogo corre por causa dos homens
A trompa da vigia soa porém sobre os guardas
O grou mantém a figura erguida
A majestosa, consciente, lá em cima
Em Patmos, Moreia, o ar da peste.
Turco. e o mocho, bem conhecido das Escrituras,
Fala, e logo se ouve a voz rouca das mulheres em cidades destruídas.
Mas elas guardam o sentido. Muitas vezes, porém, como um incêndio
Estabelece-se confusão de línguas. Mas como um barco
Ancorado no porto, à noite, quando toca o sino
Do campanário, e ecoa em baixo
Nas entranhas do templo e o monge
E pastor se despedem do passeio dado
E Apolo, também
A Roma, e seus palácios, diz
Adeus! com dissonante amargura, por isso!
Depois vem o cântico de bodas do Céu.
Paz da perfeição. Vermelho de ouro. E a costa soa,
A da arenosa esfera terrestre na expressa arquitectura
Da obra de Deus, da noite verde
E do espírito, da ordem das colunas, na relação
Verdadeiramente total, com o ponto intermédio
E cintilando

GRIECHENLAND
Erster Ansatz

                Wege des Wanderers!
Denn   Schatten der Bäume
Und Hügel, sonnig, wo
Der Weg geht
Zur Kirche,
           Regen, wie Pfeilenregen
Und Bäume stehen, schlummernd, doch
Eintreffen Schritte der Sonne,
Denn eben so, wie die heißer
Brennt über der Städte Dampf
So gehet über des Regens
Behangene Mauren die Sonne

Wie Efeu nämlich hänget
Astlos der Regen herunter. Schöner aber
Blühn Reisenden die Wege
    im Freien   wechselt wie Korn.
Avignon waldig über den Gotthardt
Tastet das Roß, Lorbeern
Rauschen um Virgilius und daß
Die Sonne nicht
Unmännlich suchet, das Grab. Moosrosen
Wachsen
Auf den Alpen. Blumen fangen

A GRÉCIA
Primeira Versão

      Caminhos do caminhante!
Pois   sombras de árvores
E colinas, soalheiras, onde
O caminho vai
Até à igreja,
     chuva, como setas de chuva
E árvores de pé, sonolentas, porém
Chegam os passos do sol,
E tal como mais quente
Queima sobre o vapor das cidades
Assim passa o sol sobre
Os muros cobertos de chuva

Pois como a hera pende
Sem hastes a chuva. Mas mais belos
Florescem os caminhos para os viajantes
  ao ar livre   muda como o grão.
Avinhão coberta de árvores, sobre o Gotardo
Toca o cavalo, os loureiros
Rumorejam à volta de Virgílio e, para que
O sol não o busque
Sem virilidade, do túmulo. Rosas de musgo
Crescem nos
Alpes. As flores começam

Vor Toren der Stadt an, auf geebneten Wegen unbegünstiget
Gleich Krystallen in der Wüste wachsend des Meers.
Gärten wachsen um Windsor. Hoch
Ziehet, aus London,
Der Wagen des Königs.
Schöne Gärten sparen die Jahrzeit.
Am Kanal. Tief aber liegt
Das ebene Weltmeer, glühend.

Às portas da cidade, sobre caminhos aplanados desfavorecidas
Como cristais crescendo no deserto do mar.
Há jardins à volta de Windsor. Alta
Passa, vinda de Londres,
A carruagem do rei.
Jardins belos poupam a estação do ano.
Junto ao Canal. Mas nas profundezas jaz
O Oceano plano, incandescente.

GRIECHENLAND
Zweiter Ansatz

O ihr Stimmen des Geschicks, ihr Wege des Wanderers
Denn an dem Himmel
Tönt wie der Amsel Gesang
Der Wolken sichere Stimmung gut
Gestimmt vom Dasein Gottes, dem Gewitter.
Und Rufe, wie hinausschauen, zur
Unsterblichkeit und Helden;
Viel sind Erinnerungen.
Und wo die Erde, von Verwüstungen her, Versuchungen der Heiligen
Großen Gesetzen nachgeht, die Einigkeit
Und Zärtlichkeit und den ganzen Himmel nachher
Erscheinend singen
Gesangeswolken. Denn immer lebt
Die Natur. Wo aber allzusehr sich
Das Ungebundene zum Tode sehnet
Himmlisches einschläft, und die Treue Gottes,
Das Verständige fehlt.
Aber wie der Reigen
Zur Hochzeit,
Zu Geringem auch kann kommen
Großer Anfang.
Alltag aber wunderbar
Gott an hat ein Gewand.
Und Erkenntnissen verberget sich sein Angesicht

A GRÉCIA
Segunda Versão

Ó vozes do Destino, ó caminhos do caminhante!
Pois no Céu
Soa como o canto do melro
O seguro timbre das nuvens, bem
Timbrado pela presença de Deus, pela trovoada.
E apelos, como olhar para longe, para a
Imortalidade e para os heróis;
Muitas são as recordações.
E onde a Terra, desde as devastações, as tentações dos santos,
Obedece a leis grandiosas, cantam
Nuvens de cânticos, quando depois aparecem,
A unidade e a harmonia e todo o Céu. Pois a Natureza
Vive sempre. Onde, porém, excessivamente
O desregramento impele para a morte,
O Divino adormece e a fidelidade de Deus,
Compreensiva, falta.
Mas tal como a dança de roda
Que se dá nas bodas,
Também um grande início
Pode vir a ser ínfimo.
Porém quotidiana e maravilhosamente
Deus envolve-se num manto.
E o seu rosto oculta-se ao conhecimento
E cobre os ares com arte.

Und decket die Lüfte mit Kunst.
Und Luft und Zeit deckt
Den Schröcklichen, wenn zu sehr ihn
Eins liebet mit Gebeten oder
Die Seele.

E o ar e o tempo cobrem
O Terrível quando excessivamente
Alguém o ama com preces ou
A alma.

GRIECHENLAND
Dritter Ansatz

O ihr Stimmen des Geschicks, ihr Wege des Wanderers
Denn an der Schule Blau,
Fernher, am Tosen des Himmels
Tönt wie der Amsel Gesange
Der Wolken heitere Stimmung gut
Gestimmt vom Dasein Gottes, dem Gewitter.
Und Rufe, wie hinausschauen, zur
Unsterblichkeit und Helden;
Viel sind Erinnerungen. Wo darauf
Tönend, wie des Kalbs Haut
Die Erde, von Verwüstungen her, Versuchungen der Heiligen
Denn anfangs bildet das Werk sich
Großen Gesetzen nachgehet, die Wissenschaft
Und Zärtlichkeit und den Himmel breit lauter Hülle nachher
Erscheinend singen Gesangeswolken.
Denn fest ist der Erde
Nabel. Gefangen nämlich in Ufern von Gras sind
Die Flammen und die allgemeinen
Elemente. Lauter Besinnung aber oben lebt der Äther. Aber silbern
An reinen Tagen
Ist das Licht. Als Zeichem der Liebe
Veilchenblau die Erde.
Zu Geringem auch kann kommen
Großer Anfang.

A GRÉCIA
Terceira Versão

Ó vozes do Destino, ó caminhos do caminhante!
Pois no azul da Academia,
Vindo de longe, no bramido do Céu
Soa como o canto do melro
O alegre timbre das nuvens, bem
Timbrado pela presença de Deus, pela trovoada.
E apelos, como olhar para longe, para a
Imortalidade e para os heróis;
Muitas são as recordações. Onde depois
Soando, como o tambor de pele de vitela,
A Terra, desde as devastações, as tentações dos santos,
Pois é no início que se forma a obra,
Obedece a leis grandiosas, cantam
Nuvens de cânticos, aparecendo depois,
A ciência e a harmonia e o Céu, puro invólucro em toda a sua extensão.
Pois consolidado está o umbigo
Da Terra. Pois presos estão nas margens verdejantes
As chamas e os elementos
Universais. Porém o Éter em pura meditação vive no alto. Mas prateada
É a luz
Em dias puros. E roxa a Terra
Como sinal de amor.
Também um grande início
Pode vir a ser ínfimo.

Alltag aber wunderbar zu lieb den Menschen
Gott an hat ein Gewand.
Und Erkenntnissen verberget sich sein Angesicht
Und decket die Lüfte mit Kunst.
Und Luft und Zeit deckt
Den Schröcklichen, daß zu sehr nicht eins
Ihn liebet mit Gebeten oder
Die Seele. Denn lange schon steht offen
Wie Blätter, zu lernen, oder Linien und Winkel
Die Natur
Und gelber die Sonnen und die Monde,
Zu Zeiten aber
Wenn ausgehn will die alte Bildung
Der Erde, bei Geschichten nämlich
Gewordnen, mutig fechtenden, wie auf Höhen führet
Die Erde Gott. Ungemessene Schritte
Begrenzt er aber, aber wie Blüten golden tun
Der Seele Kräfte dann der Seele Verwandtschaften sich zusammen,
Daß lieber auf Erden
Die Schönheit wohnt und irgend ein Geist
Gemeinschaftlicher sich zu Menschen gesellet.

Süß ists, dann unter hohen Schatten von Bäumen
Und Hügeln zu wohnen, sonnig, wo der Weg ist
Gepflastert zur Kirche. Reisenden aber, wem,
Aus Lebensliebe, messend immerhin,
Die Füße gehorchen, blühn
Schöner die Wege, wo das Land

Porém quotidiana e maravilhosamente, por amor aos homens,
Deus envolve-se num manto.
E o seu rosto oculta-se ao conhecimento
E cobre os ares com arte.
E o ar e o tempo cobrem
O Terrível para que ninguém excessivamente
O ame com preces ou
A alma. Pois há muito se encontra aberta
A Natureza
Como folhas para a aprendizagem, ou linhas e versos
E mais amarelos os sóis e as luas,
Mas em épocas
Em que a antiga cultura da Terra
Se quer extinguir, como as histórias
Que se narram, em luta corajosa, sobre o modo como do alto guia
Deus a Terra. E no entanto Ele delimita
Passos desmedidos, mas como flores de ouro se juntam
Então as forças da alma, as afinidades da alma,
Para que na Terra de preferência
More a Beleza e algum Espírito
Venha viver em maior comunhão com os homens.

Doce é então habitar sob as altas sombras
Das árvores e colinas soalheiras, onde o caminho
Até à igreja é empedrado. Mas para os viajantes, a quem
Por amor à vida os pés obedecem,
Não desmesuradamente, florescem
Mais belos os caminhos, onde o campo

IN LIEBLICHER BLÄUE...

In lieblicher Bläue blühet mit dem metallenen Dache der Kirchturm. Den umschwebet Geschrei der Schwalben, den umgibt die rührendste Bläue. Die Sonne gehet hoch darüber und färbet das Blech, im Winde aber oben stille krähet die Fahne. Wenn einer unter der Glocke dann herabgeht, jene Treppen, ein stilles Leben ist es, weil, wenn abgesondert so sehr die Gestalt ist, die Bildsamkeit herauskommt dann des Menschen. Die Fenster, daraus die Glocken tönen, sind wie Tore an Schönheit. Nämlich, weil noch der Natur nach sind die Tore, haben diese die Ähnlichkeit von Bäumen des Walds. Reinheit aber ist auch Schönheit. Innen aus Verschiedenem entsteht ein ernster Geist. So sehr einfältig aber die Bilder, so sehr heilig sind die, daß man wirklich oft fürchtet, die zu beschreiben. Die Himmlischen aber, die immer gut sind, alles zumal, wie Reiche, haben diese, Tugend und Freude. Der Mensch darf das nachahmen. Darf, wenn lauter Mühe das Leben, ein Mensch aufschauen und sagen: so will ich auch sein? Ja. So lange die Freundlichkeit noch am Herzen, die Reine, dauert, misset nicht unglücklich der Mensch sich mit der Gottheit. Ist unbekannt Gott? Ist er offenbar wie der Himmel? dieses glaub' ich eher. Des Menschen Maß ist's. Voll Verdienst, doch dichterisch, wohnet der Mensch auf dieser Erde. Doch reiner ist nicht der Schatten der Nacht mit den Sternen, wenn ich so sagen könnte, als der Mensch, der heißet ein Bild der Gottheit.

NO AMENO AZUL...

No ameno azul floresce, com o seu telhado de metal, o campanário. À sua volta paira a gritaria das andorinhas, rodeia-o o azul mais comovente. O sol ergue-se, alto, sobre ele, e dá cor à chapa metálica, mas é no seu cimo que, ao vento, suavemente, canta o catavento. Quando alguém então desce para o patamar do sino, por aqueles degraus, há uma vida silenciosa, pois quando a sua figura está assim tão isolada, sobressai a plasticidade do homem. As janelas em que os sinos tocam são como arcos de beleza. Pois, por os arcos ainda imitarem a Natureza, são semelhantes às árvores da floresta. E o que é puro também é belo. No interior, da diversidade surge um espírito sério. E as imagens são tão simples, tão santas, que muitas vezes verdadeiramente se teme descrevê-las. Porém os Celestiais, que são sempre bondosos, uma vez que tudo têm, como os ricos, possuem a virtude e a alegria. O homem pode imitá-los. Mas poderá o homem, quando toda a sua vida está cheia de trabalhos, erguer o olhar e dizer: assim quero eu ser também? Sim. Enquanto a amabilidade pura habitar no seu coração não será uma atitude infeliz o homem medir-se pela divindade. Será Deus desconhecido? Será manifesto como o Céu? Antes isto creio. É a medida do homem. Cheio de mérito, mas poeticamente, vive o homem sobre esta Terra. E no entanto a sombra da noite e as estrelas não são, se é que posso dizê-lo, mais puras do que o homem, como imagem que é da divindade.

Gibt es auf Erden ein Maß? Es gibt keines. Nämlich es hemmen den Donnergang nie die Welten des Schöpfers. Auch eine Blume ist schön, weil sie blühet unter der Sonne. Es findet das Aug' oft im Leben Wesen, die viel schöner noch zu nennen wären als die Blumen. O! ich weiß das wohl! Denn zu bluten an Gestalt und Herz, und ganz nicht mehr zu sein, gefällt das Gott? Die Seele aber, wie ich glaube, muß rein bleiben, sonst reicht an das Mächtige auf Fittigen der Adler mit lobendem Gesange und der Stimme so vieler Vögel. Es ist die Wesenheit, die Gestalt ist's. Du schönes Bächlein, du scheinest rührend, indem du rollest so klar, wie das Auge der Gottheit, durch die Milchstraße. Ich kenne dich wohl, aber Tränen quillen aus dem Auge. Ein heiteres Leben seh' ich in den Gestalten mich umblühen der Schöpfung, weil ich es nicht unbillig vergleiche den einsamen Tauben auf dem Kirchhof. Das Lachen aber scheint mich zu grämen der Menschen, nämlich ich hab' ein Herz. Möcht' ich ein Komet sein? Ich glaube. Denn sie haben die Schnelligkeit der Vögel; sie blühen an Feuer, und sind wie Kinder an Reinheit. Größeres zu wünschen, kann nicht des Menschen Natur sich vermessen. Der Tugend Heiterkeit verdient auch gelobt zu werden vom ernsten Geiste, der zwischen den drei Säulen wehet des Gartens. Eine schöne Jungfrau muß das Haupt umkränzen mit Myrtenblumen, weil sie einfach ist ihrem Wesen nach und ihrem Gefühl. Myrten aber gibt es in Griechenland.

Wenn einer in den Spiegel siehet, ein Mann, und siehet darin sein Bild, wie abgemalt; es gleicht dem Manne. Augen hat des Menschen Bild, hingegen Licht der Mond. Der König Oedipus hat ein Auge zu viel vielleicht. Diese Leiden dieses Mannes, sie scheinen unbeschreiblich, unaussprechlich, unausdrücklich. Wenn das Schauspiel ein solches darstellt, kommt's daher. Wie ist mir's aber, gedenk' ich deiner jetzt?

Haverá na Terra uma medida? Não, não há. É que os mundos do Criador jamais inibem o curso do trovão. Também uma flor é bela porque floresce sob o sol. O olhar encontra muitas vezes ao longo da vida seres que seriam mais belos de nomear do que as flores. Oh, como o sei bem! Pois agradará a Deus que a figura e o coração sangrem e que se deixe completamente de existir? Mas a alma, tal como penso, deve permanecer pura, pois assim chega ao que é poderoso sobre asas de águias com um cântico de louvor e com a voz de muitas aves. É a essência, a figura. Tu, ó belo ribeiro pequeno, brilhas de um modo comovente enquanto corres tão límpido como o olhar da divindade através da Via Láctea. Eu conheço-te bem, mas as lágrimas brotam dos olhos. Vejo uma vida mais alegre florir à minha volta nas figuras da Criação porque não as comparo indevidamente aos pombos solitários do cemitério. Mas o riso dos homens parece desgostar-me, pois tenho coração. Gostaria eu de ser um cometa? Penso que sim. Pois eles têm a rapidez das aves; florescem no fogo e a sua pureza é como a das crianças. A Natureza humana não pode ousar desejar coisas maiores. A alegria da virtude merece também ser louvada pelo espírito sério que sopra por entre as três colunas do jardim. Uma jovem bela tem de colocar na cabeça uma coroa de flores de mirto porque é simples, de acordo com o seu ser e o seu sentimento. Mas os mirtos existem na Grécia.

Se alguém, um homem, olha para o espelho, aí vê a sua imagem, como se tivesse sido retratado — ela ao homem se assemelha. A imagem do homem tem olhos, a lua, porém, tem luz. O rei Édipo talvez tenha um olho a mais. Os padecimentos deste homem parecem indescritíveis, indizíveis, inexprimíveis. Se a peça isso representa é precisamente por tal. Mas como me sinto eu, estarei agora a pensar em ti? Como ribei-

Wie Bäche reißt das Ende von Etwas mich dahin, welches sich wie Asien ausdehnet. Natürlich dieses Leiden, das hat Oedipus. Natürlich ist's darum. Hat auch Herkules gelitten? Wohl. Die Dioskuren in ihrer Freundschaft haben die nicht Leiden auch getragen? Nämlich wie Herkules mit Gott zu streiten, das ist Leiden. Und die Unsterblichkeit im Neide dieses Lebens, diese zu teilen, ist ein Leiden auch. Doch das ist auch ein Leiden, wenn mit Sommerflecken ist bedeckt ein Mensch, mit manchen Flecken ganz überdeckt zu sein! Das tut die schöne Sonne: nämlich die ziehet alles auf. Die Jünglinge führt die Bahn sie mit Reizen ihrer Strahlen wie mit Rosen. Die Leiden scheinen so, die Oedipus getragen, als wie ein armer Mann klagt, daß ihm etwas fehle. Sohn Laios, armer Fremdling in Griechenland! Leben ist Tod, und Tod ist auch ein Leben.

ros, o fim de alguma coisa arrasta-me consigo e estende-se como a Ásia. Naturalmente Édipo sofre deste mal. Naturalmente é por isso. Terá Hércules também sofrido? Por certo. Os Dioscuros, no seio da sua amizade, não terão suportado o sofrimento? Concretamente lutar com Deus, como Hércules, é sofrer. E compartilhar a imortalidade no meio da inveja desta vida é também um sofrimento. Mas também é um sofrimento um homem que está coberto de sardas ficar completamente coberto de muitas outras manchas! É o que faz o sol belo: pois tudo cria. Ele conduz os jovens pela sua trajectória com a atracção dos seus raios como se estes fossem rosas. Os sofrimentos de Édipo podem-se comparar aos de um pobre homem que se queixa de que lhe falta alguma coisa. Ó filho de Laio, pobre estrangeiro na Grécia! A vida é morte e a morte é também uma vida.

ÍNDICE

Wie wenn am Feiertage…	26
Am Quell der Donau	32
Die Wanderung	40
Der Rhein	50
Germanien	68
Friedensfeier	78
Der Einzige (Erste Fassung)	92
Patmos	100
Andenken	118
Der Ister	124
Mnemosyne	130

An die Madonna	136
Die Titanen	150
Einst hab ich die Muse gefragt…	158
Wenn aber die Himmlischen…	162
Meinest du es solle gehen…	170
Ihr sichergebaueten Alpen…	172
Das Nächste Beste (Dritter Ansatz)	176

Prefácio 7
Bibliografia 23

HINOS TARDIOS

Tal como num dia de festa… 27
Junto à nascente do Danúbio 33
A caminhada 41
O Reno 51
Germânia 69
A Festa da paz 79
O único (primeira versão) 93
Patmos 101
Lembrança 119
O Danúbio 125
Mnemósina 131

PROJECTOS DE HINOS

À Madonna 137
Os titãs 151
Outrora à musa perguntei… 159
Mas quando os celestiais… 163
Achas que deveria acontecer… 171
Ó Alpes solidamente edificados… 173
O Bem mais próximo (terceira versão) 177

Kolomb	182
Vom Abgrund nämlich…	188
Der Vatikan…	192
Griechenland (Erster Ansatz)	196
Griechenland (Zweiter Ansatz)	200
Griechenland (Dritter Ansatz)	204
In lieblicher Bläue…	208

Colombo 183
Pois do abismo… 189
O Vaticano… 193
A Grécia (primeira versão) 197
A Grécia (segunda versão) 201
A Grécia (terceira versão) 205
No ameno azul… 209

COLECÇÃO DOCUMENTA POÉTICA

ADOLFO CASAIS MONTEIRO
organização de António Ramos Rosa, E.M. de Melo e Castro e João Rui de Sousa
ANTOLOGIA DA POESIA CONCRETA EM PORTUGAL
organização de E.M. de Melo e Castro e J.A. Marques
DO CANCIONEIRO DE AMIGO, Stephen Reckert e Helder Macedo
BLAISE CENDRARS, POESIA EM VIAGEM
tradução de Liberto Cruz
POESIA DE ANTÓNIO MARIA LISBOA
organização de Mário Cesariny
ANTOLOGIA DA POESIA ESPANHOLA CONTEMPORÂNEA,
selecção e tradução de José Bento
O MEU CORAÇÃO É ÁRABE (A POESIA LUSO-ÁRABE), Adalberto Alves
ENSAIO DE UMA DESPEDIDA, Francisco Brines
tradução de José Bento
ILUMINAÇÕES / UMA CERVEJA NO INFERNO, Rimbaud
tradução de Mário Cesariny
POESIAS COMPLETAS, S. João da Cruz
tradução de José Bento
AS FLORES DO MAL, Charles Baudelaire
tradução de Fernando Pinto do Amaral
POESIAS COMPLETAS, Ângelo de Lima
organização de Fernando Guimarães
OUTONO TRANSFIGURADO, Georg Trakl
tradução de João Barrento
ELEGIAS, Hölderlin
tradução de Maria Teresa Dias Furtado
FRAGMENTOS DE NOVALIS
selecção, tradução e desenhos de Rui Chafes
CANTO DE MIM MESMO, Walt Whitman
tradução de José Agostinho Baptista

POESIAS COMPLETAS, Frei Luis de León
tradução de José Bento
CARTAS PORTUGUESAS, Mariana Alcoforado
tradução de Eugénio de Andrade e pinturas de Ilda David'
AS ELEGIAS DE DUÍNO, Rainer Maria Rilke
tradução de Maria Teresa Dias Furtado
POEMAS, André Breton
escolhidos, traduzidos e apresentados por Ernesto Sampaio
ANTOLOGIA DA POESIA ESPANHOLA DO «SIGLO DE ORO» – I. RENASCIMENTO
selecção, tradução, prólogo e notas de José Bento
ANTOLOGIA DA POESIA ESPANHOLA DO «SIGLO DE ORO» – II. BARROCO
selecção, tradução, prólogo e notas de José Bento
POESIA (1960-1989), Luiza Neto Jorge
organização e prefácio de Fernando Cabral Martins
O MASSACRE DOS INOCENTES, W.H. Auden
tradução de José Alberto Oliveira
POEMAS SATURNIANOS E OUTROS, Paul Verlaine
tradução de Fernando Pinto do Amaral
LÍRICA ESPANHOLA DE TIPO TRADICIONAL
tradução, apresentação e notas de José Bento
VINTE E CINCO POEMAS À HORA DO ALMOÇO, Frank O'Hara
tradução de José Alberto Oliveira
POEMAS ERÓTICOS, John Donne
apresentação e tradução de Helena Barbas
O VINHO E AS ROSAS, ANTOLOGIA DE POEMAS SOBRE A EMBRIAGUEZ
organizado por Jorge Sousa Braga
POEMAS DE LUIS BUÑUEL
organização e estudo introdutório de Francisco Aranda
tradução e apresentação de Mário Cesariny
AL-MU'TAMID / POETA DO DESTINO, Adalberto Alves
ilustrações de Pedro Cabrita Reis
POEMAS, António Franco Alexandre
POEMAS COMPLETOS, Mário de Sá-Carneiro
organização, prefácio e notas de Fernando Cabral Martins

Uma Antologia, W.B. Yeats
tradução de José Agostinho Baptista
Guarda Minha Fala para Sempre, Ossip Mandelstam
tradução de Nina Guerra e Filipe Guerra
Jardim de Poesias Eróticas do «Siglo de Oro»
selecção, tradução e notas de José Bento
Hipérion ou o Eremita da Grécia, Friedrich Hölderlin
tradução e prefácio de Maria Teresa Dias Furtado
Antologia da Poesia Neerlandesa do Século Vinte
selecção e introdução de Gerrit Komrij, tradução de Fernando Venâncio
O Medo, Al Berto
Meus Poemas, Meus Herdeiros, Arséni Tarkovski
selecção e tradução de Nina Guerra e Filipe Guerra
Só o Sangue Cheira a Sangue, Ana Akhmátova
tradução de Nina Guerra e Filipe Guerra
Poemas de Mallarmé – Lidos por Fernando Pessoa
introdução e tradução de José Augusto Seabra
A Única Real Tradição Viva
Antologia da Poesia Surrealista Portuguesa
organização de Perfecto E. Cuadrado
livrodepoemas, E.E. Cummings
Introdução, selecção e tradução de Cecília Rego Pinheiro
Livro do Frio, Antonio Gamoneda
introdução, selecção e tradução de José Bento
Clepsydra, Camilo Pessanha
organização de Gustavo Rubim
O Cavaleiro de Bronze e Outras Poesias, A. Púshkin
tradução de Nina Guerra e Filipe Guerra
Antologia Poética da Marquesa de Alorna
organização de Perfecto E. Cuadrado
Poemas de Edmundo de Bettencourt, Edmundo de Bettencourt
introdução de Herberto Helder
O Mar na Poesia da América Latina
selecção dos textos e ensaio de Isabel Aguiar Barcelos, tradução de José Agostinho Baptista